百张名片

ONE HUNDRED NAME CARDS FOR LINGNAN CULTURE

主编 孙洪

嶺南美術出版社

中国·广州

图书在版编目（CIP）数据

岭南文化百张名片/孙洪主编. —广州：岭南美术出版社，2017.1

ISBN 978-7-5362-5441-1

Ⅰ.①岭… Ⅱ.①孙… Ⅲ.①地方文化—概况—广东省 Ⅳ.①G127.65

中国版本图书馆CIP数据核字(2013)第321715号

责任编辑：张红婴
责任技编：钟智燕
装帧设计：曹国伟　梁　晖
　　　　　覃　蕾　欧宝莹

岭南文化百张名片

LINGNAN WENHUA BAIZHANG MINGPIAN

出版、总发行：岭南美术出版社（网址：www.lnysw.net）
（广州市文德北路170号3楼 邮编：510045）
经　　销：全国新华书店
印　　刷：深圳中华商务安全印务股份有限公司
版　　次：2017年2月第1版
2017年2月第1次印刷
开　　本：889mm×1194mm　1/16
印　　张：17.5
印　　数：1—9000册
ISBN 978-7-5362-5441-1
定　　价：180.00元

序 | 孙 洪

中华文化博大精深、源远流长，积淀着中华民族最深远的精神追求，为中华民族生生不息、发展壮大提供了丰厚滋养。岭南，滨南海、枕五岭的独特地理位置，润珠水、迎季风的优越自然条件，勤农耕、善渔猎的科学劳作方式，好交融、乐开拓的优秀精神品质，造就了极富品格和气质的岭南文化体系，形成了自身特有的文化魅力。

在悠远的历史长河中，岭南文化记载了岭南人民自古以来在建设家园的奋斗中开展的精神活动、形成的理性思维、创造的丰硕成果。在古代，岭南先民将中原文化与自身的生存发展相结合，创造了以移民安居为特征的岭南文化基础。在近代，岭南人民吸收来自西方的工业文明，形成了以求变图强为核心的民主革命文化。改革开放以来，岭南人民以开拓创新的精神，探索形成了具有鲜明中国特色社会主义特征的开放创新文化。

优秀传统文化是一个国家的血脉，是一个民族的灵魂，是文明成果、精神传统承继和发展的根本。岭南文化深深根植于中国优秀传统文化沃土之中，形成了鲜明的地域特色与创新优势，对中华文明的进步和发展做出了显著贡献。

开放。面向海洋的岭南大地，造就了在此繁衍生息的人们的开阔胸襟。与内陆文化有别的、具有海洋文化特质的岭南文化，从来就是一个开放的体系，它既传承着中国文化传统，又借鉴吸纳着外国文化。古代对中原文化的开放，近代对西方文化的开放，当代对全球文化的深度融汇，充分展现了岭南文化的勃勃生机和强大生命力。

务实。岭南自古是蛮荒之地，处于大陆边缘、人多地少，也经常成为外敌首攻之处，生存与发展条件严酷。为谋求生存，来不得半点退缩苟且，只能踏实地直面环境，有效地应对挑战，才能寻求生存之路。务实是岭南文化的核心要素。无论古今，不分中外，岭南人民创造出来的美好生活，均建立在这一文化基础之上。

多元。岭南文化博大精深、复杂多样，具有丰富多彩的亚文化形态，如广东文化、桂系文化、海南文化。在广东文化内部又包含着广府文化、客家文化和潮汕文化等形态。内容上的丰富多元、形式上的千姿百态，造就了岭南文化的鲜明个性和独特价值。不同特质的文化内容因交流而多彩、因互鉴而丰富、因博大而精微。

创新。岭南地理方位和历史条件，使固守耕地的行为方式无法保证自身的生存，必须要在农耕之外，另辟蹊径，寻求生存机遇。这就要探索、要尝试甚至要冒险。就是在这种文化观念之下，近代岭南人民敢为人先，闯荡到世界各地，以一种完全不同于传统的生存方式，追求和创造着自己的生活。

文化繁荣兴盛，是中华民族伟大复兴的必然要求；建设文化强国，是实现中华民族伟大复兴中国梦的重要支撑。岭南文明在过去漫长的历史发展中绽放着璀璨的光芒。当今世界，人类文明无论在物质还是精神方面都取得了巨大进步，但是也面临着许多突出的难题。要解决这些难题，不仅需要运用人类今天所具备的智慧和力量，而且需要运用人类历史上积累和储存的思想和精神。因此，当前挖掘、传承、保护和弘扬岭南文化，具有重要现实价值和社会意义。

《岭南文化百张名片》钩沉千秋历史，涉猎众多领域，撷取文化精粹，从浩如烟海的岭南文化历史中，精选了岭南文化最具代表性的文化元素，以“百张名片”的方式，标榜出独特的岭南文化，向世人炫示这一绮丽瑰宝。

在编辑过程中，试图努力不仅继承和发扬中华民族和中国人民在修齐治平、尊时守位、知常达变、开物成务、成风化人、建功立业过程中最基本的文化基因，而且努力挖掘阐发崇礼尚义、忠厚正直、豁达淳朴、勇敢坚韧、勤劳智慧的岭南文化理念，挖掘阐发岭南文化在维护民族团结、延续精神血脉、鼓舞民族斗志的历史社会价值，挖掘阐发岭南文化对建设社会主义核心价值体系的重大现实意义。

翻开《岭南文化百张名片》，共同追忆岭南的历史，感悟岭南的文化，畅想岭南的明天。这是一场与岭南大地的亲切对话，一段找寻根源、感念先祖的探索之路，一次思考历史、憧憬未来的顿悟之旅。

岁次丁酉年孟春于羊城

目录

叁　八方民俗弥新

喜乐时节

和味岭南

年祈岁祀

肆　缤纷艺术菁萃

丝竹南音

神笔奇艺

舞动乾坤

伍　百代英杰泽惠

古粤前贤

民主先驱

现代风流

绪 论

岭南，北枕五岭，南抚南海，西连云贵，东接八闽。

五岭逶迤，土地温润息养亿兆生民；珠江奔流，水色清华哺育万家灯火。

山海之间，水网纵横的珠江三角洲上，就是广东，我们生命和精神栖息的古老而日新的家园。

碧玉江流黛玉山，烟波浩渺水无边，天地人和风韵美，南风无处不平安。独特的地理环境滋养出独特的人文气象，独特的人文气象催生出独特的人文精神。

这里是岭南文化的发祥地，海上丝绸之路的启航港，中西文化交流的门户津梁，中国民主革命的策源地，中国现代化的前沿阵地和中国改革开放的先行之区。

从郁南磨刀山古人类开始，至曲江马坝人，到牛栏洞古人类，岭南彰显百代中华民族文化之风烈，吸纳域外西方文化之精华，汇聚广府、客家、潮汕三大民系及近现代海外华侨、华人文化资源，形成了两千多年来最富有蓬勃朝气、最富有改革创新精神、最富有生命力的岭南新文化。

那每一处文化现场，每一个历史深处，都有广东人民的奉献和创造。

人本精神、创造精神、建设精神、实践精神、中和精神、民间精神和乐观精神，构成了岭南文化的精神实质。

岭南文化在数千年的历史沧桑中，平静地沉淀着，壮阔地运移着，在全球化的大潮中，绽放出能量和精彩。

词曰：岭南风光妩媚，千年历史珍贵。八方民俗弥新，缤纷艺术菁萃。可贵，可贵，百代英杰泽惠。

我们未依平仄，多添一字，以《如梦令》旧词牌新造句，表达对岭南文化的认识与热爱。

在编辑创作过程中，力求抓住岭南文化的要素和精神特质，精心挑选出100张岭南文化名片，以“风光”“历史”“民俗”“艺术”“英杰”5大版块，编纂成这本《岭南文化百张名片》，以管窥蠡测之笔、爱乡爱土之意，展现岭南文化的百代风华，作为作者心底对岭南文化的深情咏唱。

当在这一张张名片中纵览无限风光、静观千年历史、流连八方风俗、赏鉴缤纷艺术、追怀百代英杰时，我们可以让一个美丽人文的岭南、创新发展的岭南、繁荣和谐的岭南走向世界，同时让整个世界走进岭南，由此了解岭南，认识岭南，关注岭南，品味岭南，鸣奏岭南文化的壮丽乐章。

因此，岭南的自然风光，我们山选南岭、丹霞、罗浮、西樵、鼎湖，水见江、岛、岩、谷、湖，就是要让人们在岭南的妩媚之中，感受山有色，水有文，岛有韵，谷有神，岩有眼，湖有灵。

如果说，岭南自然风光是『山海皆清逸，四时有物华』，那么岭南的人文地理、人文底蕴则是『处处有诗意，时时见文华』。

无论是花塔、祖庙、广济桥的神圣和悠远，还是碉楼、骑楼的近代风姿；无论是客家围屋的朴实厚重，西关大屋的典雅富丽，还是陈家祠的瑰奇轩昂，中山纪念堂的肃穆庄严，岭南园林的精巧玲珑；无论是本书所选的寺、庙、屋、楼、园、祠、堂、塔，还是其中的一厅一堂、一椽一檐，无不昭示着岭南的风华、岭南的气派；尤其是广州塔，将冰冷的钢铁化为倩女温软的蛮腰，更是彰显出岭南新的世界观、新的价值观和新的审美精神。

现代人都喜欢诗意地栖居，也向往描摹着那诗意的情境。也许，在读温润群山、清华水色和诗意空间的时候，我们不仅能够读到那份如梦如真的诗意，还可以在心灵深处体悟领会岭南的文化哲学。

壹

岭南风光妩媚

广东是一片向阳的坡地，北望湘云楚烟，南看碧波惊澜，从北向南，由高而低，向蔚蓝色的大海伸展。

这是一片温暖湿润的热土，太平洋、印度洋和北半球的呼吸在这里交汇为热带和亚热带气候。夏季烈日炎炎，雨水丰沛，南风习习；冬季阳光充足，天朗气和，绿树成荫。

这是一片风光旖旎的锦绣大地。粤北崇山峻岭，千峰万壑，蔚然生秀；粤西山林丘陵，蓊郁苍翠，蜿蜒起伏；粤东山地、丘陵、台地、平原百态杂陈，婀娜多姿，雨润云温。

在富饶广袤的珠江三角洲、青葱碧绿的潮汕平原上，江河、溪流纵横交错，湖泊、岛屿星罗棋布，西江、北江、东江、韩江四条大江与数百条河流形成稠密的水网，将南粤大地编织为物产丰富、风光明媚的鱼米之乡。

南岭
丹霞山
罗浮山
西樵山
鼎湖山

温润群

南岭

中国天然氧吧

南岭东西长约600公里，南北宽约200公里，岭那边是江南，岭这边是华南；岭那边喝的是长江水，岭这边唱的是珠江谣；岭那边，湘云过去是楚烟；岭这边，东八闽西八桂，郁郁葱葱是广东。

南岭山峦浑圆，山不连脉。受加里东运动、燕山运动影响，南岭西段多由石灰岩形成**喀斯特地貌（又称岩溶地貌）**，有桂林山水甲天下；东段多由红色砂砾岩形成**丹霞地貌**，以丹霞山风光最美。

南岭山脉逶迤连绵，著名的山峰有：越城岭的**猫儿山**（海拔2142米），位于广西兴安县西北，为南岭第一高峰；**九嶷山**（海拔1959米），位于湖南宁远县南部，因帝舜的传说而闻名；**石坑崆**（海拔1902米），位于广东乳源县西北湘粤边境，为广东第一高峰。

南岭保留着南中国最完整、最大的一片原始森林，有着最完整的自然生态系统，是广东天然生态保护屏障。**南岭国家森林公园**处于南岭山脉的中心偏南地带，有2000多种植物和200多种野生动物，其中国家一、二级保护动植物多达82种，享有**“广东物种宝库”**美誉。2016年，广东南岭国家森林公园景区被授予**首批“中国天然氧吧”**称号。

南岭位于四省（区）边境，地分两广丘陵和江南丘陵，水分长江水系与珠江水系，气候分南亚热带和中亚热带，雨水旺盛，资源富饶。兽有虎豹鹿羚，鸟有鹌鹑鹏雉，木有樟桦槭榉、桃梨橘榄、桐茶漆椿，以至银杏肉桂，龙眼芒果，八角杜鹃，鱼蛙龟鲵……品类万千，数不胜数。由于山岭多是花岗岩体构成，钨、锡、铝、锌等**有色金属矿藏**极为丰富，尤以钨、锑著称，为世界最集中的产地。

南岭不仅是中国的一条自然地理分界线，也是一条文化类型的分界线。在倚山面海、既封闭又开放的环境下，孕育和发展了地域特色鲜明的岭南文化体系。南岭山区是中国“高山民族”——**瑶族**最大的聚居地，也是中国**客家人**最大的聚居区，客家人从中原而来，沿南岭向中国西南地区和海外扩散。

瑶族和客家人的最大聚居区

我国自然气候有两条天然分界线。
北边那条叫秦岭，温带和亚热带的分界线，
华夏文明的龙脉，与淮河一起，
将中国划为南北两大板块，
北侧奔涌着黄河，南侧澎湃着长江。
南边这条叫南岭，亚热带和热带的分界线，
因位于中原之南而得名。
南岭自东而西有大庾、骑田、萌渚、都庞、越城五岭，
横亘于赣粤、湘粤、湘桂之间，向东延至闽南，
广义的南岭还包括猫儿山、海洋山、
九嶷山、香花山、瑶山、九连山等。

色如渥丹　灿若明霞

专指广东仁化丹霞山，又称中国红石公园，世界『丹霞地貌』命名地，广东四大名山（丹霞、罗浮、西樵、鼎湖）之首。

丹霞山

世界『丹霞地貌』命名地

丹霞山位于广东省韶关市东北部，面积 290 平方公里，主峰巴寨海拔 645 米。680 多座顶平、身陡、麓缓的红色砂砾岩组成的山体，以“色如渥丹，灿若明霞”闻名于世。在世界已发现的 1200 多处丹霞地貌中，丹霞山的丹霞地貌发育最典型、类型最齐全、造型最丰富、景色最优美，有**“露天地质博物馆”**之誉。丹霞山风景以丹霞地貌景观为主，集“雄、奇、险、秀、幽、旷、奥”于一身，被评为**世界自然遗产**、国家级风景名胜区、国家级自然保护区、国家地质公园和国家 AAAAA 级旅游景区，2004 年首批入选**世界地质公园**。

丹霞山景区，有长老峰、阳元山、翔龙湖、韶石山等游览区和锦江旅游长廊，群峰林立，色彩斑斓，集黄山之奇、华山之险、桂林之秀于一身。春夏秋冬，阴晴朝暮，风光各有不同。尤其**阳元石、阴元石**，造型奇特，以自然造化象征人文伦理，最为吸引海内外游客。

丹霞山古称**“锦岩”**，历史悠久，文化丰厚。丹霞盆地旧石器时代有马坝人居住生息，新石器时代有石峡文化遗址。相传女娲在此取水造人，采五色石补天。舜帝南巡时曾登山奏韶乐，命三十六石。秦汉以前有得道真人在混元洞、狮子岩一带修行，隋唐、五代时期青云岩、狮子岩香火兴起。北宋崇宁年间（1102—1106），法云居士云游至此，建庙宇 18 间，至明清时期佛寺兴盛。清康熙元年（1662），广州海幢寺澹归禅师来丹霞山营建**别传禅寺**，为岭南十大丛林之一，也与曲江南华寺、乳源云门寺并称“粤北三大丛林”。自隋唐以来，丹霞山成为岭南著名风景胜地，历代文人墨客络绎不绝，僧侣香客接踵而至，留下众多诗文、传说、崖刻、碑林，近百处古寨、岩画、禅寺、石窟道场以及古墓、悬棺、岩葬，将天然的丹霞山妆饰为文化的丹霞山、信仰的丹霞山，为后人留下极为丰厚的历史文化遗产。2014 年，**丹霞山摩崖石刻**被列为第七批全国重点文物保护单位。

罗浮山

百粤群山之祖

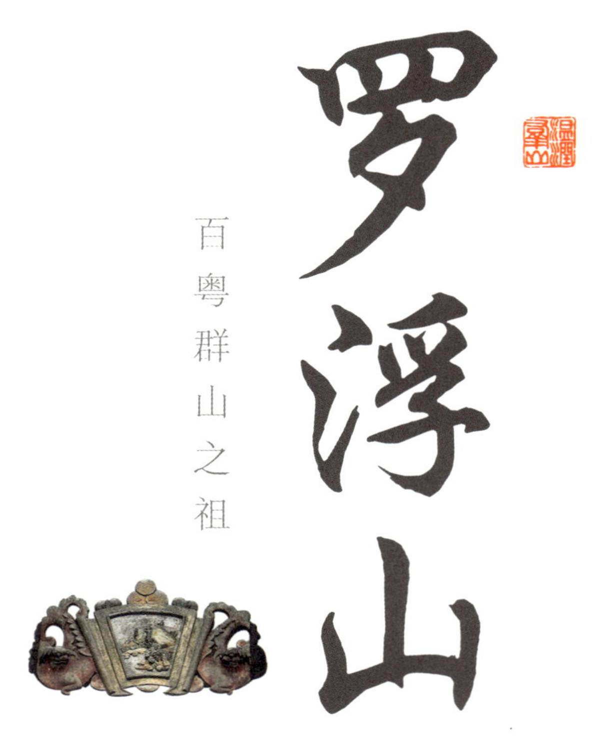

罗浮山为罗山、浮山合体，形成于7000万年前中生代侏罗纪和白垩纪的**燕山运动**，被称为“百粤群山之祖”。

罗浮“山山瀑布，处处流泉”，有大小山峰432座，瀑布流泉980多道。**瀑布**以白石漓、白水门、黄龙洞为著，**泉水**以长生井、卓锡泉为上。主峰飞云顶处于珠三角边缘，南来海风与北来气流交汇，常年云雾缭绕。云气往来，山若移动，诚为天下奇观。

罗浮山高温、多雨、土厚，是北回归线上的南亚热带**天然动植物园**，有常绿植物3000多种，其中药用植物1240种，民谚称“罗浮生百草，棵棵有奇效”。宋代有冲虚观洞天药市，与广州芳村花市、合浦廉州珠市、东莞寮步香市并称为“粤中四大市场”，现为我国著名南药基地。山中动物资源有名贵飞禽40多种，走兽30多种，爬行类、鱼类10多种，其中**蚺（蟒）蛇**曾是唐代贡品，昆虫类70多种，**“小凤凰”蝴蝶**尤为珍贵。

罗浮山文气茂盛，文献丰富，历代专志20余种；遍山摩崖石刻，旧志载有2000多处，现存130多处。道教、佛教和儒学同山兴旺。

道教方面，朱明洞称“天下第七洞天”，泉源洞称“第三十四福地”。传说秦安期生在罗浮寻长生不老之药而羽化升天。汉朱灵芝建庵设坛朱明洞，最早开辟罗浮。东晋**葛洪**隐居于此，建南庵冲虚观、东庵九天观、西庵黄龙观、北庵酥醪观，与其妻鲍姑炼丹、传道、行医、讲学，著《抱朴子》，创道教南宗灵宝派。

佛教方面，东晋有佛徒入山面壁。梁天监元年(502)，天竺僧智药入山，为印度僧人入罗浮之始。梁大同年间(535—546)，**景泰禅师**结茅庵于小石楼峰下，后改建为南楼寺，为罗浮山第一座佛教寺院。

儒学方面，山中有专祀儒学大师周廉溪、罗豫章、陈白沙、李延平四贤祠。南宋有官立豫章书院、静观书院，私立张留书院。其后有郑公书堂、弼唐精舍、甘泉精舍、冼子读书台等精舍、书堂，为重要读书、讲学场所。

自陆贾之后，罗浮山以**山川胜景**和**优美神话**，吸引天下精英向往。南朝阴铿、谢灵运，唐李白、杜甫、刘禹锡、李贺，宋苏轼、苏辙、杨万里，明汤显祖、祝枝山、陈献章、湛若水、黄佐、王守仁、屈大均，晚清丘逢甲、康有为等诗文巨匠，或慕名作文赋诗，或留落吟咏笔墨，随口数来，即有百家。民国以来，各时期名人政要如孙中山、宋庆龄、廖仲恺、何香凝、陈济棠、蒋介石、周恩来、叶剑英、陈毅均曾游览罗浮，为名山生色，为文化添彩。

山山瀑布　处处流泉

又称东樵山，
位于广东省惠州市博罗县，
方圆二百一十四平方公里。
罗浮山最高峰飞云顶海拔
一千二百八十一点五米。
现为国家级风景名胜区，
国家AAAAA级旅游景区。

岭南自古称名胜　除却东樵是此樵

南粤名山，与东樵罗浮山并美，因山上多树可樵，故名。原为古火山，距今已有四千五百万年历史。位于广东省佛山市南海区，面积约十二平方公里，最高峰海拔三百四十四点四米。现为国家地质公园、国家森林公园、国家级风景名胜区、国家AAAAA级旅游景区。

理学名山

西樵山状如莲花簇瓣，有72峰，42洞，232个泉眼，28处瀑布，山顶还有3个天湖。一山**72峰**"峰峰奇"，**42洞**"洞洞幽"，湖、瀑、泉、涧、岩、壁、潭、台参差错落，使人不知山在水中抑或是水在山中。西樵山以风光秀美名噪南粤，自明清以来，旅人游子趋之若鹜。

西樵盛产**茶叶**，自唐末诗人曹松隐居山中教民种茶，茶叶成为西樵山人最主要的农产品，植茶之地占西樵耕地三分有其二，茶品粤东第一。相传以**无叶井水**泡西樵云雾茶，口味绝佳。

西樵人文久远，山上有新石器时代遗址20多处，6000多年前的**"双肩石器"文化**名闻天下，被誉为"珠江文明的灯塔"。

明清之际，西樵书院林立。明湛甘泉之大科、云谷，方献夫之石泉，霍韬之四峰，四大书院大儒云集，为西樵赢得**"理学名山"**美誉。清光绪四年（1878），康有为在**三湖书院**修学2年，探索变法图强之路，三湖书院被称为"戊戌摇篮"。

西樵**宗教文化**特色鲜明，道、佛、儒三教融合为其突出特色，观音坐像、黄大仙圣像，规模均属全球之最。一代武林宗师**黄飞鸿**诞生于西樵，西樵亦被视为**"南拳文化"**发源地。

西樵有地质、石器、农耕、理学、宗教、摩崖、武术、龙舟**八大文化**，深得岭南文化底蕴；又有南学、南拳、南纱、南狮、南道、南佛、南文、南艺**"八宝"**代表岭南文化，因而有"岭南自古称名胜，除却东樵是此樵"之誉。

北回归线上的绿宝石

广东名山，位于广东省肇庆市东北部，面积十一点三三平方公里，最高峰鸡笼山海拔一千点三米。现为国家级风景名胜区，国家AAAA级旅游景区。

鼎湖

世界生物圈保护区

山顶有湖，原名**顶湖**。因左右山麓诸峰三歧若鼎峙，明弘治七年（1494），陈献章有《望鼎湖山》，改“顶”为“鼎”，其后遂称“鼎湖”。

鼎湖山地处北回归线以南，地球上同纬度地区已成荒漠，独此因季风影响，一片亚热带、热带森林，草木繁盛，生机盎然，被誉为**“北回归线上的绿宝石”**、华南生物种类的“基因储存库”和“活的自然博物馆”，是我国第一个自然保护区、第一批加入联合国教科文组织世界生物圈保护区网络。

鼎湖山山势自西北向东南逐渐降低，山溪自西北向东南流，鼎湖断裂带横穿山地中部，与北岭断裂带相接，形成险峻山势和激流、瀑布、深潭的奇观。

鼎湖山从山麓到山顶依次分布着河岸林、沟谷常绿阔叶林、季风常绿阔叶林、山地常绿阔叶林、灌丛草地等森林类型，而保存较好的**南亚热带季风常绿阔叶林**是有400多年历史的原始森林。

鼎湖山有**高等植物** 2500 多种，其中野生高等植物 1993 种，珍稀濒危的国家重点保护植物 23 种；以鼎湖山命名或以鼎湖山为模式产地的植物有 49 种。有鸟类 232 种，兽类 41 种，爬行类 54 种，两栖类 23 种，已鉴定的昆虫 1000 多种，其中国家重点保护动物 35 种。

鼎湖山融自然风光和人文神韵于一体。唐仪凤年间（676—679），惠能弟子智常禅师在老鼎开山建**白云寺**，自此名僧云集，鼎湖成为**岭南佛教圣地**。明崇祯年间（1628—1644），栖壑和尚改莲花庵为庆云寺，到清代成为岭南四大名刹之首。

1982 年，鼎湖山与七星岩共同组成星湖风景名胜区。2001 年，**七星岩摩崖石刻**被列为第五批全国重点文物保护单位。**星湖风景名胜区**现辖天溪、云溪、天湖三个风景区。景区有庆云寺、荣睿碑亭、飞水潭、双虹飞堑等胜景；**庆云寺**有镇山三宝舍利子、白茶花树、《龙藏经》（一说千人镬、大铜钟、白茶花树）；“曲径云封”登石阶 637 级，龙潭飞瀑飞流直下 30 余米，“灌耳雷霆生绝涧，照人冰雪净尘襟”之处，为“孙中山先生游泳处”。天湖辟有**宝鼎园**，安放九龙宝鼎和端溪龙皇砚，两者均为世界之最。

珠江
南澳岛
湖光岩
乳源大峡谷
万绿湖

清华水色

中国南方最大的河流

在典籍中，**“珠江”**最早见于明嘉靖三十七年（1558）广东诗人黄佐《海珠》诗句“珠江烟水碧濛濛”。20世纪以来，成为西江、北江、东江和珠江三角洲诸江河的总称。

珠江是中国**南方最大的河流**，与长江、黄河、淮河、海河、松花江、辽河并称“中国七大江河”。干流全长2214公里，流域面积45.37万平方公里。径流总量仅次于长江，是黄河的6倍，流量、航运居全国第二，长度、流域面积居全国第四。经滇、黔、桂、粤、琼、湘、赣、闽8个省（区），由广东省6个市县的虎门、蕉门、洪奇门（沥）、横门、磨刀门、鸡啼门、虎跳门和崖门汇入南海，构成独特的**“诸河汇集，八口分流”**的水系特征。

珠江北靠五岭，南临南海，西部云贵高原，东部两广丘陵，河口冲积为珠江三角洲。流域大部分地区四季温暖如春，水利水能资源丰富，有天生桥、大藤峡、鲁布革、新丰江等著名**水利枢纽**。珠江流域有通航河道1088条，沿江主要港口有贵港、梧州和广州，其中广州是河海港，既是珠江干流上最大的河港，又是南海最大的海港。

珠江流域山川河海千姿百态，有名山、秀水、奇峰、异洞等自然景观，还有文化遗址、历史古迹等人文景观，风景名胜数不胜数。漓江桂林山水、南盘江路南石林、北盘江黄果树瀑布、西江肇庆七星岩、北江丹霞山、东江惠州西湖、珠江口虎门销烟遗址等，一直是吸引古今中外游客的**旅游胜地**。

珠江文化源远流长。流域内发现“马坝人”“柳江人”等旧石器遗址80多处，“顶蛳”“西樵”“石峡”等新石器时代遗址2000多处，英德牛栏洞有12000年前的稻耕文化，桂林甑皮岩有11000年前的原始陶器。珠江流域与黄河、长江流域一样，是中华文明最早的发祥地之一。

珠江烟水碧濛濛

旧称粤江，原指广州城下河段，即今珠江前航道。因江中有红岩小岛海珠洲（今市区沿江西路路段，一九三一年填没），圆浑似珠，故名（民间传说是因外国商贾在江中遗落大珠）。

美丽的海上绿洲

广东沿海岛屿，位于汕头市东北，闽、粤、台三省交界海面，
地处『香港—高雄—厦门』三大港口中心点，
濒临西太平洋国际主航线，
自古以来就是东南沿海一带通商的必经停泊点和中转站，
明朝就有『海上互市』之称。
南澳岛陆地总面积一百一十一点五平方公里，
海域面积四千六百平方公里，主岛呈葫芦形，
二十三个小岛环绕周围，被称为『美丽的海上绿洲』，
现为国家AAAA级旅游景区。

南澳岛

潮汕屏障　闽粤咽喉

在距今8000多年的新石器时代，南澳岛就已经有人类活动。这里自古是“潮汕屏障，闽粤咽喉”，被称为**“漳潮钥匙，东南门户”**，是东南沿海军事重镇。明清两朝曾三次迁徙岛民入内地。明万历三年（1575）设南澳镇，清末设南澳厅，1915年置南澳县，至今仍是广东唯一的**海岛县**。

历史上戚继光、郑成功、刘永福三位民族英雄，南宋、南明两位皇帝，以及上百正副总兵在岛上驻守，留下南宋古井、明总兵府等历史文化古迹50多处，南山寺、云盖寺等寺庙30多处。深澳湾猎屿铳城、云澳与深澳交界的雄镇关、郑成功“国姓井”、钱澳湾辞郎洲等人文景观，与岛上自然风光组成**“海、史、庙、山”**相结合的旅游胜景。

南澳岛自然资源得天独厚。海岸线长99.2公里，大小港湾66处，有热带、亚热带植物1400多种，鱼、虾、蟹、贝、藻等1300多种。天然海滨浴场青澳湾、天然植物园黄花山国家森林公园、候鸟天堂勒门列岛等，以蓝天、碧海、绿岛、金沙、白浪呈现自然之美。**南澳风电场**是亚洲最大的海岛风电场，在青山云海之中，上百部风机组成的风车阵构成了一幅美丽大自然与高科技相结合的独特风景线。

世界最大的玛珥湖

湖光岩旧称“陷湖”，又称“镜湖”“净湖”。南宋建炎三年（1129），宰相**李纲**因力主抗金被贬琼州，途经此地目睹湖光映照岩壁，光彩动人，挥笔写下“湖光岩”三字，此名被沿用至今。

湖光岩总面积2.3平方公里，水深20米，火山垣环抱，湖四周悬崖陡壁，火山岩层理、韵律清晰。**“四山围一湖，湖水明如镜”**。湖水旱不涸，涝不溢，湖面落叶无踪，蛇、蛙、蚂蟥绝迹而鱼虾成群，神龟、龙鱼频频出现，吸引各地游客慕名而来。

湖底厚达50米的沉积物，真实记录了地球10多万年以来的气候和环境变化，是我国研究玛珥式火山喷发和玛珥湖形成机理的极佳场所。湖水、湖泥中含有60多种矿物质和微量元素，湖水可降血压，促进血液循环，火山泥可抗衰老，治疗30多种疾病，是世界罕见的**“天然年鉴”**和**“自然博物馆”**。

湖光岩终年气温比湖外低3℃，湖四周有原始雨林，古树参天，古藤缠绕，植被茂盛，林中有禽鸟近百种、动物数十种，负离子密度高，堪称**“天然氧吧”**。

湖光岩**历史悠久**，早在隋朝时期，佛教僧人就依岩而建楞严寺、白衣庵等古刹。由于风光秀丽，历代文人名士、官员政要，多到此游览。当代党和国家领导人朱德、董必武、邓小平、叶剑英、陈毅、郭沫若等，均在湖光岩留下了珍贵墨宝和众多故事传说。

四山围一湖　湖水明如镜

湖光岩位于湛江市西南部，是十四万至十六万年前平地火山爆发深陷而形成的玛珥湖，是中国唯一、世界最大的玛珥湖，与德国埃佛尔地区的玛珥湖结为『中德姊妹湖』，为世界地质公园、国家级风景名胜区、国家AAAA级旅游景区。

广东地貌的一条美丽伤痕

又名广东大峡谷，位于韶关市乳源瑶族自治县，是伴随燕山造山运动致使部分地块张裂下陷而形成的裂谷，距今已有一千万年历史。大峡谷全长十五公里，最高深切度四百多米，被称为『广东地貌的一条美丽伤痕』。

乳源大峡谷

石灰岩地貌

峡谷两侧绝壁悬崖，险峻异常。谷内岩石以**石英岩**为主，为距今3亿多万年前形成的沉积岩。峡谷顶端状似大埕，谷面宽约600米，大布河从东南向西北蜿蜒流过，至此骤然腾空而下形成瀑布，气势磅礴。瀑布下方为一深潭，潭水沿大峡谷直流英德波罗镇，汇入北江。

乳源属**石灰岩地貌**，与红色砂砾岩丹霞地貌极为类似，谷内溶洞数量众多。离大峡谷约20公里处，有国内罕见的石英砂岩洞——**景峰洞**，洞内奇石千姿百态，风格迥异于石灰岩溶洞。

大峡谷位处北回归线北缘，属南亚热带向中亚热带过渡地带，植被类型多样。小型板根、茎花现象、附生植物、藤萝密布等随处可见，苏铁蕨、金毛狗、桫椤、竹柏、野芭蕉等多呈小片群落分布，这一独特的植被景观即使是在南亚热带地区也难得一见。峡谷保护区内有高等植物800多种，拥有伯乐树、花榈木等多种珍稀保护植物；脊椎动物140多种，其中熊猴、云豹、瑶山鳄蜥、蟒、黄腹角雉、白鹇等珍稀保护动物10多种。

大峡谷风光迷人，集**雄、奇、险、秀**于一谷。云雾涌溢，有黄山之奇；千步云梯，有华山之险；峰峦层叠，谷壑幽深，有张家界之秀。谷中风景，四时各有不同。春天雾气升腾，宛如仙境；夏天潭水清清，野芳幽香；秋天色彩缤纷，美如少女；冬天谷口风声，撼人心魄。大峡谷自1998年被开发为旅游景点以来，陆续修建了石径、桥梁和缆车，使这里成为游玩赏景、探险寻奇胜地。

此乃瑶池水

缘何在河源

万绿湖总面积1100平方公里，水域面积370平方公里，蓄水量139.8亿立方米，内有360多个绿岛，以**“山中海洋”**之称，与肇庆鼎湖山、云南西双版纳共同被誉为北回归线“沙漠腰带的东三奇”。湖区远处延绵着黛青色的群山，近处则是大大小小绿色纷披的岛屿，小的面积仅有数亩，大的则有上千亩。湖区山峦除海拔1000多米的**桂山**显得鹤立鸡群外，大多属于海拔千米以下的中低山。

万绿湖生态环境良好。湖区林地420平方公里，是北回归线上现存面积最大、世界少有的**常绿阔叶林区**。湖区气温、湿度接近生物气象学“最佳环境”指标，动植物种类丰富多样，水中有鲤、鲩、鳙、鲢、鲶、鳢等70多个鱼类品种，对生存环境苛刻挑剔的古老腔肠动物**“桃花水母”**也在此生活。

“此乃瑶池水，缘何在河源？”——万绿湖水域壮美、水质纯美、水性恬美、水色秀美，其功能集灌溉、发电、防洪于一体，其品质集四美于一湖。湖水来自山林，莹澈无染，清润甘甜，达到国家一类水质，可直接饮用，并通过东深供水工程供应香港。当地居民泡茶、制酒、酿豆腐，皆用湖水。**“水美”**已成为万绿湖最具魅力的独特资源。

置身**绿色海洋**之中，一湖碧色由近而远逐渐转淡，满眼湖光随太阳光线强弱而四时不同。湖水水温四季恒定，在19～23℃之间；湖区不受台风影响，全年水上活动时间可达6个月以上；湖面恬静安然，少有风浪侵扰。浩淼碧水、延绵青山、绿色岛屿，在东江客家的袅袅炊烟和悠扬山歌里，在蓝天、白云、朝霞、惠风中，组成诗，汇成画，让人们回归松涛拍岸、鸟语蝉鸣的大自然。

浩淼碧水 延绵青山 绿色岛屿

华南最大的人工湖，因四季皆绿，处处皆绿而得名。万绿湖是一九五八年为筹建新丰江水电站时，在距河源市六公里的新丰江下游的亚婆山峡谷修筑拦河大坝蓄水而形成，入选首批五个『中国好水』水源地之一，内设有新丰江国家森林公园，为国家AAAA级旅游景区、国家湿地公园。

六榕寺塔
客家围屋
佛山祖庙
广济桥
开平碉楼
岭南园林
西关大屋
陈家祠
骑楼
中山纪念堂
广州塔

诗意空间

六榕寺塔

岭南地区现存最高宋塔

塔始建于梁大同三年（537），用于供奉从扶南（今柬埔寨）迎来的**佛牙舍利**，并赐号“宝庄严寺舍利塔”（六层木塔）。南汉末年，寺、塔毁于战火。

北宋端拱二年（989）重建，供奉六祖铜像，名净慧精舍，通称净慧寺。元祐元年（1086）重建宝塔，绍圣四年（1097）新塔落成，内供贤劫千佛像，易名**“千佛塔”**。

北宋元符三年（1100）苏东坡来寺，见塔畔6棵古榕苍翠，题书“六榕”，寺僧刻匾悬于寺内。明永乐九年（1411）悬匾于山门，后遂称六榕寺，舍利塔亦称**“六榕塔”**。清同治十三年（1874）重修千佛塔，广东巡抚张兆栋撰《重修六榕寺塔记》，“六榕寺”遂成正式寺名。

自北宋重建后，虽历代均有修葺，但主体仍保留宋代风格。花塔为**砖木结构**，平面呈八角形，楼阁式，高57.6米。塔身为井筒式结构，除斗拱、檐椽及楼层采用木构件外，其余以砖砌就。花塔外观9层，内设暗8层，共17层，穿壁绕平座式楼梯，底层直径12米并有副阶，其上各层均有回廊，每层以绿色琉璃瓦砌成飞檐。塔冠为9.14米高的千佛铜柱，柱身刻有1023尊佛像及云彩缭绕的天宫宝塔图，千佛铜柱与塔顶的火焰宝珠、三层九霄宝盘、九层宝轮、一层双龙宝盘、八根铁链组成重达5吨的塔刹。寺院存有“初唐四杰”之一王勃所撰**《广州宝庄严寺舍利塔碑》**，是记载六榕寺和塔的历史重要实物文献。

花塔的建筑基础设计巧妙。由于古代花塔濒临珠江（旧时珠江宽达2公里），地下水位较高。为了保护塔基，花塔的基础采用花岗岩砌筑成**井筒式结构**，解决了当时地下水位较高的难题。后来塔身即使倾斜1.7米，塔基仍较牢固。

2006年，六榕寺塔被列为**第六批全国重点文物保护单位**。

壹拾壹

六榕寺塔

一塔有碑留博士
六榕无树记东坡

广东古塔建筑，坐落于广州市越秀区六榕路六榕寺内，是岭南地区现存最高宋塔。

因塔身色彩斑斓，从塔下仰望，一层层塔角飞檐如盛开的花瓣，塔刹如花蕊，整座塔则似花朵砌成的花柱，故清初又称之为『花塔』。

客家田园交响曲

典型的客家民居建筑，
始于唐宋，兴盛于明清。
狭义的围屋指的是围龙式的围屋，
广义的围屋则可以指各式客家围楼或围屋，
其平面形状多样，
有同心圆形、半圆形和方形，
也有椭圆形、八角形等形状。

客家围屋

中国五大传统民居之一

广东客家围屋主要分布在梅州、兴宁、韶关、潮州、深圳等地，**代表建筑**有仁厚温公祠、承德楼、张弼士故居、花萼楼、满堂围、道韵楼、长围村围屋等。

围龙式围屋是客家围屋中最常见、最具代表性的类型。围龙屋一般背靠山坡而建，讲求阴阳协调，前半部为半月形池塘，后半部为半月形房舍建筑，总体看来如同太极图案。两个半月形的接合部位由一长方形空地隔开，空地用三合土夯实铺平，叫**"禾坪"**，是居民活动或晾晒的场所。"禾坪"与池塘的连接处，用石灰、小石砌起一堵或高或矮的石墙，矮的叫"墙埂"，高的叫"照墙"。半月形池塘主要用来放养鱼虾、浇灌菜地和蓄水防旱、防火，既是天然的肥料仓库，也是污水自然净化池。围龙屋主体是**堂横屋**，结构以中间正堂（堂屋）为基准，正堂一般二进或三进，呈方形结构，是围龙屋的核心部分。正堂左右两旁是方正结构的横屋，简称为"横"。堂横屋后微拱的空地称"化胎"。沿"化胎"外沿建筑半圆形杂物屋，前低后高，如龙盘山坡，故名围龙。围屋背后一般还有树林，称为**"风水林"**。

整个围屋自正堂向外以**同心半圆形**的房屋结构一层层扩展，每一层称为一“围”（“围龙”）。围龙的层数和一侧横屋的排数一般相等。普通围龙屋有“两堂二横一围龙”“三堂二横一围龙”“四横双围龙”等，最多可以达到“十横五围龙”。在岭南客家中心地区**梅州**，白墙黛瓦的围龙屋稀疏散落在青山绿水之间，与山林河溪和田野池塘一起，组成了客家田园交响曲。

坚固性、安全性、艺术性以及**合族聚居性**是客家围屋的突出特点，既体现了客家先民们在迁徙与定居过程中所面临的环境和积累的智慧，也反映了客家人的传统礼制、伦理观念以及风水哲学思想。如围龙屋风格就是客家人对祖先（半坡氏族和龙山氏族）住宅经验的复苏和借鉴；屋内住户需按照辈分高低来分配房间，建筑中心位置安放祖宗牌位。

有学者将客家围龙屋与北京四合院、陕西窑洞、广西“干栏”、云南“一颗印”合称为**中国五大传统民居建筑形式**。

1996 年，**满堂围**被列为第四批全国重点文物保护单位。2006 年，**道韵楼**被列为第六批全国重点文物保护单位。2014 年，**长围村围屋**被列为第七批全国重点文物保护单位。

行祖庙 拜北帝

广东道教神庙，又名『北帝庙』，供奉北方玄天大帝（真武大帝），位于佛山市禅城区（佛山古称禅城）祖庙路。据方志记载：『历元至明，皆称祖堂，又称祖庙，以历岁久远，且为诸庙首也。』

佛山祖庙

东方民间艺术之宫

佛山祖庙始建于**北宋**元丰年间（1078—1085），元末被毁，明洪武五年（1372）重建。明景泰二年（1451），朝廷认为北帝"显圣"击退农民起义军首领黄萧养而敕封祖庙为**"灵应祠"**。此后祖庙被多次重修、扩建，至清光绪二十五年（1899）大修，庙宇建筑更为宏大壮丽，格局与风貌延续至今。

佛山祖庙古建筑群面积3600平方米。祖庙内主要建筑万福台、灵应牌坊、锦香池、钟鼓楼、山门、前殿、正殿、庆真楼等沿南北中轴线依次排列，布局紧凑精美而错落有致。佛山是粤剧之乡，戏班首演必选万福台，已相沿成习。**万福台**建于清顺治十五年（1658），为广东乃至华南地区现存最古老、最完整的古戏台。**灵应牌坊**建于明景泰二年（1451），为十二柱三开间三重檐楼式，是广东现存最雄伟壮观的木石混合结构牌坊。正殿**前檐斗拱**为我国南方地区目前仅存的宋式"八铺作三下昂真昂"斗拱实例。

祖庙内各种装饰艺术极具岭南特色，均为佛山历代民间工艺的杰作。**陶塑脊饰**是岭南古建筑特有的建筑装饰，祖庙内有 7 条大型陶塑脊饰，最长一条达 31.7 米，双面共塑造了约 300 个人物形象，堪称“世界之最”。此外，还有栩栩如生的灰塑，层次丰富、技法细腻的砖雕，玲珑剔透的漆金木雕，粗犷豪放的石雕，大多以历史故事、民间传说、古代神话为题材，形象生动，技法多样，内容丰富。庙内陈列有石刻匾额、石兽以及 24 尊高 2 米左右的夹苎神像，正殿内保存有明清时期制作精良的钟、鼎、八宝及兵器仪仗等金属铸件，均显示出当时佛山高超的铸造工艺水平。祖庙的装饰工艺巧夺天工，被誉为**“东方民间艺术之宫”**。

历史上，**“行祖庙，拜北帝”**已成为民俗，祖庙则成为北帝崇拜祭祀活动最重要的场所。祖庙也是佛山人**议事决事**的中心，集政权、族权、神权为一体，常设议事、决策机构如明“嘉会堂”、清“大魁堂”，长期作为处理地方事务的议政场所，决议佛山社会的诸多大事。

1996 年，佛山祖庙被列为**第四批全国重点文物保护单位**。

广济桥

中国四大名桥之一

南宋乾道七年（1171），潮州知州曾汪倡建，称康济桥。当时在韩江中流砌一大石墩，连结86只巨船成浮桥。淳熙元年（1174），浮桥毁于洪水，知州常祎重修康济桥，增桥舟为106只，并创建"仰韩阁"于西岸。淳熙六年（1179），知州朱江建"登瀛门"，增筑石墩二，与旧为三，并于墩上建"冰壶""玉鉴""小蓬莱"三亭。淳熙七年（1180），通判王正功，又增筑一石墩，距西岸数步，上架巨木，下通船筏，始成浮、梁结合的桥梁。淳熙十六年（1189），知州丁允元在西岸修筑四石墩，架木成梁，为丁侯桥（民称丁公桥）。庆元二年（1196），知州陈宏规在东岸增筑二石墩，架木为桥，称济川桥。自此，河东济川，河西丁侯，中为浮桥，构成广济桥基本轮廓。其后60余年，经历任知州增建、修缮，至开庆元年（1259），东桥13洲（墩），西桥10洲（墩），中间以铁链系24舟，形成梁桥、浮桥结合的**启闭式桥梁**。

明宣德十年（1435），知府王源主持规模空前的修桥工程：修补桥墩、改中断的石梁为木梁、桥上立亭屋126间、筑楼台12座，更名**"广济桥"**。明正德八年（1513），知府谭伦增筑一墩，减船6只，形成**"十八梭船廿四洲"**的独特风格。此后历代均有修筑，但基本格局没变，现存古桥墩21座，古石梁10多条。

广济桥全长约520米，沟通韩江两岸，连接闽粤交通，自古以来商贾云集，游客如梭，为经济、军事要津。长桥舳舻编连，龙卧虹跨，有通航、排洪、关口之利。桥上亭台楼阁，美不胜收，故有"廿四楼台廿四样""一里长桥一里市"之美称。江水迢迢，湘桥春涨，为**潮州八景之首**。以至民谚有歌谣流传云："到广不到潮，枉向广东走一遭；到潮不到桥，枉向潮州走一遭。"

800年来，这座神奇的岭南古桥，每一个桥墩都镌刻着传说和故事，每一块桥板都回荡着诗赋与歌谣。**"吾潮之胜状，在于广济一桥"**，在潮州人民眼里，广济桥所代表的已不仅仅是令人叹为观止的建筑技艺，更是他们难以割舍的乡土情怀和精神信仰。

1988年，广济桥被列为**第三批全国重点文物保护单位**。

吾潮之胜状在于广济一桥

俗称『湘子桥』，位于潮州市东门外，横跨韩江，是世界上第一座集浮桥、梁桥、拱桥为一体的启闭式桥梁，与赵州桥、洛阳桥、卢沟桥并称为『中国四大古桥』。

西方建筑艺术与本土建筑艺术融合的产物

广东民居建筑，源于明朝后期，兴盛于二十世纪初期，是随华侨文化发展而兴起的建筑形式，主要分布于广东开平、台山。目前整个四邑地区（开平、恩平、台山、新会）共存碉楼二千四百多座。

开平碉楼

中国首个华侨文化世界遗产项目

开平碉楼位于广东省开平市，集防卫、居住功能与中西建筑艺术为一体的**多层塔楼式建筑**，鼎盛时期达 3000 多座，现存 1833 座。

自明朝以来，**开平**因地处新会、台山、恩平、新兴四县交界之地，土匪猖獗，治安混乱，加之河流众多，洪涝频发，当地民众被迫在村中修建碉楼以求自保。开平碉楼一般建于村后，与四周竹林、村前池塘、村口榕树，形成根深叶茂、平安聚财、文化昌盛的和谐环境。平原地区的**点式碉楼**前面是成片低矮民居。碉楼宛如全村靠山，满足了村民需要安全保护的心理。

开平碉楼是西方建筑艺术与本土建筑艺术融合的产物。当时的乡民将海外所见所闻和传统审美情绪融合在碉楼上，使之成为留置于故土的一片精神守望地。不同的旅居地、不同的审美观，造就了开平碉楼的千姿百态。碉楼按建筑材料可分为石楼、三合土楼、砖楼、钢筋混凝土楼等，以**钢筋混凝土楼**居多；按使用功能可分为众楼、居楼、更楼等，其中**居楼**为多。开平碉楼汇集了外国不同时期、不同风格的建筑艺术：古希腊的柱廊，古罗马的柱式、拱券和穹隆，欧洲中世纪哥特式尖拱，伊斯兰风格拱券，欧洲城堡构件，葡式骑楼，文艺复兴时期和 17 世纪欧洲巴洛克风格等。这些不同风格流派、不同宗教门类的建筑元素在开平和谐共处，形成了一种新的综合性很强的建筑类型，展现出独特的艺术魅力。

开平碉楼

开平碉楼尽管在材质、风格上各有差异，但有一个共同特点，即门窗窄小、铁门钢窗、墙身厚实、墙体上设有枪眼。有的碉楼更是在顶层四角建有突出楼体的**“燕子窝”**，从“燕子窝”的枪眼居高临下便可以对碉楼四周形成上下左右全方位的控制。碉楼顶层多设有**瞭望台**，配备了枪械、发电机、警报器、探照灯及石块、铜锣等防卫装置。历史上碉楼的作用主要是**“避盗匪”**。抗日战争时期，为阻止日寇由南路向广州撤退，赤坎镇腾蛟村司徒氏七勇士凭据南楼战斗 7 天 7 夜，给日本侵略军以沉重打击，英雄事迹流传至今。

开平碉楼以自力村碉楼群、开平立园、马降龙碉楼群、方氏灯楼、日升楼、翼云楼、锦江里瑞石楼等最为典型，均为世界遗产，受到当地政府和人民的保护，并进行了旅游和文化产业的利用与开发。2001 年，开平碉楼被列为**第五批全国重点文物保护单位**。2007 年，“开平碉楼与村落”被列入**世界遗产名录**，中国由此诞生了首个华侨文化世界遗产项目。

务实兼蓄　精致秀美

岭南园林始于秦汉，盛于明清，延及民国。经长期发展，岭南园林已逐步形成务实兼蓄、精致秀美的艺术风格，以其悠久的历史和浓郁的地方特色，与北京的皇家园林、苏州的江南园林并称中国古典园林三大体系。现存的顺德清晖园、佛山梁园、东莞可园和番禺余荫山房是岭南园林中的精品，被称为『岭南四大园林』。

岭南园林

中国古典园林的三大体系之一

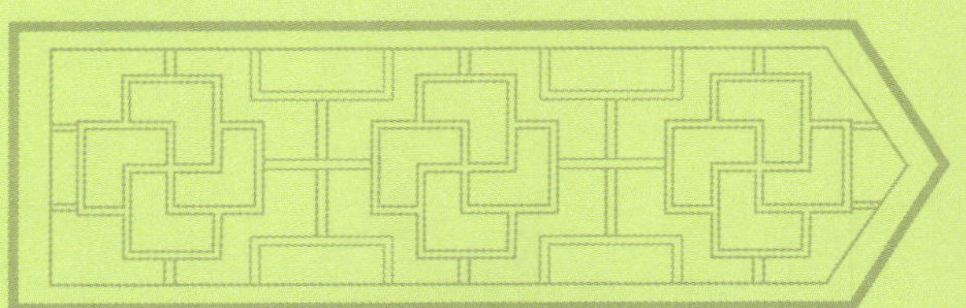

清晖园位于顺德大良，原为明万历年间（1573—1620）顺德第一位状元黄士俊的府邸。清乾隆年间（1736—1795）为进士龙应时购得，嘉庆五年（1800）辞官筑园。经龙氏数代精心营造，至中华民国初年，格局始臻定型。园中有园，景外有景，水木精华，以**雅致古朴**而著称。园内碧水绿树、古墙漏窗、石山小桥、曲廊亭台等交互融合，集岭南建筑、园林、雕刻、诗书、灰雕等艺术于一体，充分展示了我国古园林庭院中“雄、奇、险、旷、幽、秀”的特点。主要景点有船厅、碧溪草堂、澄漪亭、六角亭、惜阴书屋、竹苑、斗洞、笔生花馆、归寄庐、小蓬瀛、红蕖书屋、凤来峰、读云轩、沐英涧、留芬阁等。园内所有装饰图案无一雷同，多以岭南佳木花鸟为题材，古今名人题写之楹联匾额众多，大部分门窗玻璃为清代从欧洲进口经蚀刻加工的套色玻璃制品，特别是清**“羊城八景套色玻璃雕刻”**为仅存珍品。2014 年，清晖园被列为**第七批全国重点文物保护单位**。

梁园位于佛山市区，始建于清嘉庆、道光年间（1796—1850），由当地诗书画名家梁蔼如、梁九章、梁九华及梁九图叔侄 4 人精心营建。因是梁氏私园，故称为“梁园”。梁园是清代**岭南文人园林**的典型代表，由“十二石斋”“群星草堂”“汾江草庐”“寒香馆”等多个群体组成，总体布局以宅第、祠堂、园林浑然一体为突出特色，以大面积湖池及国内少见的水网池沼造园组景，极具珠江三角洲水乡园林特征。尤以奇峰异石作为重要造景手段，以湖水萦回、奇石巧布著称岭南，有“积石比书多”的美誉，在岭南园林中独树一帜。园内珍藏着历代书家法帖，秀水、奇石、名帖堪称“梁园三宝”。1989 年，梁园被列为**第三批广东省文物保护单位**。

可园位于东莞市区，始建于清道光三十年至咸丰六年（1850—1856），取“可人适意”之意，故名。园内有一楼、六阁、五池、三桥、十九厅、十五房，其名多以“可”字命名，如可楼、可轩、可堂、可洲等。可园采用江南造园艺术，在三亩三分(2204平方米)土地上，亭台楼阁、山水桥榭、厅堂轩院，一应俱全，营造出一组组层次丰富、具有节奏、色彩和空间对比鲜明的系列建筑，小中见大、暗中通明、高低回转，趣味无穷，为岭南园林建筑的珍品。全园分为高敞对称的厅堂组群、曲折玲珑的**“绿绮楼”**和轩昂挺秀的**“可楼”**，有聚有散，有起有伏，回廊逶迤，轮廓多变。居巢、居廉跟随可园主人张敬修数十年，在可园留下大量佳作，其创造“没骨法”“撞粉法”画花鸟画，对后期岭南画派的产生和发展具有极大影响。2001年，东莞可园被列为**第五批全国重点文物保护单位**。

余荫山房又名余荫园，位于番禺南村镇，始建于清同治六年至同治十年（1867—1871），以**“小巧玲珑”**著称。全园布局精巧，以“藏而不露”和“缩龙成寸”的手法，将画馆楼台、轩榭厅阁、山石亭桥尽纳于三亩之地，布成咫尺山林，造成园中有园、景中有景、幽深广阔的绝妙佳境。园中建筑没有中轴线，自由散点布局，以石拱风雨廊桥将全园一分为二，东有玲珑水榭、卧瓟庐、杨柳楼台、孔雀亭和来薰亭，西有深柳堂、临池别馆。园内遍植四季花木，具有典雅的岭南园林特色，其中深柳堂、玲珑水榭是园中精华所在。**深柳堂**汇集全园装饰艺术与文物之精华，堂前两壁满洲窗古色古香，堂中木雕更是巧夺天工，堪称绝品。2001年，余荫山房被列为**第五批全国重点文物保护单位**。

西关大屋

广州传统建筑的瑰宝

西关大屋多坐北朝南，砖木结构，青砖石脚，正门以花岗石装嵌。平面布局按传统**正堂屋形式**沿纵深方向展开。典型平面为三间两廊，左右对称，中间为主厅堂。中轴线自前而后，自南而北，依次为门廊、门官厅、轿厅、正厅（神厅）、头房（上有神楼祀天神及祖先）、二厅（饭厅）、尾房。每厅为一进，一般大屋为二三进，厅与厅之间以天井间隔。两旁偏间前部左边为书房及小院，右边为偏厅和客房。客房顶为平台，供乘凉、赏月等。偏厅、客房后面为卧房、楼梯间和厨房等。庭园中栽种花木，筑有假山鱼池。特大型大屋还带有花园、戏台。

西关大屋的门廊设有脚门、趟栊和硬木大门三重门扇。**趟栊**是一个活动的栏栅，用 13 或 15 条坚硬的圆木构成，横向开合故称趟栊。**脚门**和趟栊有通风和保安功能，是适应岭南炎热多雨气候而特制的建筑构件。**大门**用红木或樟木等高级木材制造，厚约 8 厘米，门纽铜环，门脚藏石臼中，以横闩扣门，以防盗贼。

西关大屋室内装修和陈设讲究，有木石砖雕、陶塑灰塑、壁画石景、格扇屏门、蚀刻彩色玻璃、木雕花饰、漏花窗、满洲窗、槛窗、酸枝家具等，极富岭南生活韵味和艺术情调。

西关大屋是广州传统建筑的瑰宝，清末民初有 800 多间，现存不足 100 间，其中有保留价值的只有 10 间左右。旧时最著名的西关大屋有宝源北街 18 号的梁资政第、多宝路的邓宫保第以及宝华路的钟家花园等，今均不复存在。现存最具代表性的西关大屋为**小画舫斋和李文田探花第**。除此之外，多宝路、逢源路、龙津西路一带，仍保留着为数不多的西关大屋，广州市人民政府已经将这一带划为**“西关大屋保护区”**。

青砖 木趟栊 满洲窗

俗称『古老大屋』，因清末广州的名门望族、商贾富绅在西关一带所建，故名。大部分兴建于清同治、光绪年间（一八六二—一九〇八），至二十世纪二十年代达到鼎盛局面，主要分布在逢源路、宝华路、多宝路、龙锦路西、上下九路一带。

陈家祠

集岭南建筑装饰艺术之大成

陈家祠是广东现存规模最大、装饰精美、保存完整的**岭南传统祠堂式建筑**，占地面积15000平方米，主体建筑面积6400平方米。祠堂坐北朝南，规模宏大，三路三进两庑九厅堂，六院两天井，布局独特，古朴轩昂。每进之间既有庭院相隔，又以廊庑巧妙连接。**“聚贤堂”**为祠堂建筑的中心，是当年陈姓族人议事聚会之地。

陈家祠集岭南建筑装饰艺术之大成，以**装饰精巧、富丽堂皇**著称。举凡窗户之木雕，庭栏之石雕、铜铁铸，瓦脊之陶塑、灰塑，墙壁之砖雕，无不工精艺巧，绚丽夺目。木雕、石雕、砖雕、陶塑、灰塑、铜铁铸和彩绘等各种装饰，遍布在祠堂内外的屋脊、厅堂、院落、廊庑之间，梁架、斗拱、驼峰、墙壁、墀头、石脚均以梅兰菊竹、花鸟虫鱼、岭南佳果、历史典故、戏曲人物等为题材进行装饰。装饰风格或粗犷豪放，或精致纤巧，各具特色，美不胜收。屋脊、山墙垂脊、廊门屋顶、厢房廊庑等处累计总长2562米的灰塑，五彩缤纷，琳琅满目，规模之大为岭南之冠。祠堂首进的外墙上装饰有6幅立体、多层次的**画卷式砖雕**，均由质地细腻的东莞青砖精雕细琢拼接而成，有“挂线砖雕”之称，其中两幅均高1.75米，宽3.6米，是同期建筑中少有的大型砖雕。铜铁铸、彩绘、楹联的内容更蕴含着深刻的文化艺术内涵。

天工人可代　人工天不如

广东传统祠堂式建筑，位于广州市中山七路。陈家祠是广东省各地陈氏宗族共同捐资兴建的合族祠，始建于清光绪十四年（一八八八），光绪二十年（一八九四）落成，是参与捐资的陈氏宗族子弟赴省城备考科举、候任、交纳赋税、诉讼等事务时的落脚之地。原名『陈氏书院』，俗称陈家祠。

20世纪20年代，德国学者最先将陈家祠载入《世界建筑艺术》一书；几乎同时，日本森清太郎编撰的《岭南纪胜》也将其作为**中国岭南建筑艺术的典型**。郭沫若曾赋诗赞之："天工人可代，人工天不如。果然造世界，胜读十年书。"百余年来，陈家祠作为岭南优秀的传统建筑文化遗产和广东祠堂建筑精品，受到国内外建筑学、历史学、民俗学、工艺美术、影视界等多方面的广泛关注和极大重视。

陈家祠于1959年被辟为广东民间工艺馆，1994年更名为广东民间工艺博物馆，以收集、保藏、研究、宣传和展览广东地区历代各类民间工艺品为主。馆内辟有多个展厅，常年展出馆藏文物。1988年，陈家祠堂被列为**第三批全国重点文物保护单位**。

『广东街』的显著标志

骑楼最早见于两千多年前的古希腊，后流行到欧洲，近代传到世界各地。新加坡称之为“店铺的公共走廊”。清光绪四年(1878)，香港颁布《骑楼规则》，开始建造骑楼，“骑楼”遂成亚热带地区**城市连铺建筑**专有名词。二十世纪二三十年代开始流行于福建、广东、广西、海南，成为岭南地区商业建筑的一大特色。1912年，广东颁布《广东省城警察厅现行取缔建筑章程及施行细则》，规定凡堤岸及各马路建造铺屋，均应“建造有脚骑楼，以利交通”，骑楼第一次以正式名称列入我国城市建设规范文件中。1918年开始，广州进行大规模近代城市改造，10年间建成骑楼街近40公里，**骑楼**成为广州街景显著特色。

骑楼的**特点**是把门廊扩大串通成沿街廊道。廊道上面是楼房，一般住人或办公，下面一边向街敞开，另一边是店面橱窗，顾客可以沿走廊自由选购商品。骑楼适应岭南亚热带气候，通风、透气，可以避风雨、防日晒。楼内店铺可借柱廊空间敞开铺面、陈列商品，以招徕顾客。人在廊道之中，楼、廊、铺、路与商品、人流仿佛可互动交流，极富人文气息。

广州骑楼分为西关骑楼和东山骑楼两大流派。**西关骑楼**出现时间较早，外观装饰主要采取巴洛克风格，山花和楼身设计大多具有古罗马装饰特征，同时融入中国传统建筑元素，墙体多是中式清水砖。**东山骑楼**形成年代较晚，以细石米墙代替清水砖墙，变罗马柱为简单方柱、圆柱等，建筑风格更趋于现代化，也更加简洁。

西方古典建筑与岭南传统民居的结合

近代西方风格的券廊式临街连铺建筑，由西方古典建筑与岭南传统民居结合演变而成，因其形态如『骑在公共人行道上』而得名。

广州市区内现存骑楼街**36条**，长度达20多公里，集中在老街区约10平方公里范围内，分为三大片区，即以人民南路、长堤一带为中心的“骑楼风貌区”，以第十甫、上下九路一带为中心的“西片骑楼区”，以北京路、中山路一带为中心的“东片骑楼区”。

广州骑楼街市带来了商业的繁荣，许多著名**老字号**从骑楼间崛起，名扬海内外。最早的如中山路骑楼街的致美斋、三多轩、惠如楼、李占记等，其后如上下九路、第十甫一带的鹤鸣鞋、皇上皇、陶陶居、莲香楼、广州酒家，长堤、西堤、人民南路的先施公司、大新公司、新亚大酒店、大三元酒家、华夏百货公司、海珠大剧院、爱群大酒店等，各显繁华，盛极一时。

如今岭南地区的各类新式建筑林立，传统的骑楼建筑已逐渐消失，但许多地区还较完整保存有这种商业楼宇建筑。以广州、佛山、惠州、东莞、湛江、开平、高州、信宜等地为典型代表的骑楼文化，成为**“广东街”**的显著标志。

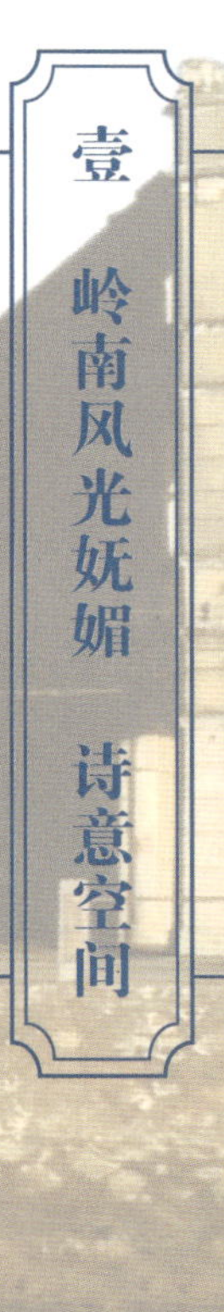

中山纪念堂

广州标志性建筑物之一

中山纪念堂总体布局呈**方形**，坐北朝南，占地面积 6 万平方米，建筑面积 1.2 万平方米，包括门楼、纪念堂及东西附楼。门楼黄墙蓝瓦，正中为歇山顶，两侧为庑殿顶，门阙为钢筋混凝土结构，面阔三间，券拱门，檐下有“中山纪念堂”横匾，庄严宏伟，富丽堂皇，具有浓郁民族特色。

主体建筑纪念堂平面呈**八角形**，整座建筑面积约 3700 平方米，高 49 米，由前后左右四个宫殿式重檐歇山抱厦建筑组成，拱托出中央巨大的八角形攒尖顶式屋顶。建筑立面保持砖石材料本色，门柱、琉璃瓦、宝顶、风铎采用中国传统红、靛、黄整体配色。礼堂檐下施水泥彩绘斗拱和额枋，正面檐下高悬蓝底红边漆金横匾，上有孙中山先生手书“天下为公”四个大字。堂前立有铜铸中山塑像。

堂内丹彩瑰丽，金碧辉煌，空间广阔，无一柱遮挡视线，而大堂由隐蔽在墙壁内的八根柱子支撑着巨大的钢桁架，承托起八角攒尖顶，是建筑艺术中的杰作。礼堂可容纳 5000 人，是 20 世纪前半期中国**最大的会堂建筑**。讲台后墙镶孙中山的浮雕头像和《总理遗嘱》刻石。

孙中山纪念碑于 1930 年落成，碑高 37.3 米，方尖形，由花岗石砌成，碑身正面镌刻“总理遗嘱”，矗立于纪念堂后的越秀山顶峰。前堂后碑合为一体，二者同为著名建筑师**吕彦直**设计。

作为广州市大型集会和演出的重要场所，中山纪念堂见证了广州历史上的许多**重大事件**，如 1936 年广州市各界禁烟大游行、1945 年广州地区侵华日军投降签字、1992 年后历届广州教育基金百万行、毛泽东诞生 100 周年纪念、红军长征 60 周年纪念、抗日战争胜利和世界反法西斯战争胜利 50 周年纪念等。1949 年至今，每年各种纪念孙中山先生的活动、省市重要集会和文艺演出都在这里举行，使中山纪念堂成为广州奋斗精神和文化传统的重要组成部分。

中山纪念堂将中国传统哲学思想融入西方建筑技巧之中，将纪念建筑与剧场功能巧妙结合，将中国传统建筑形式用于大体量的会堂建筑，是广东现代建筑史和现代城市景观的**标志性作品**。从 20 世纪 50 年代开始至 1988 年，人民政府曾 7 次修缮纪念堂，1998 年再次全面综合性大维修，使这座具有中国传统文化特色和时代精神的历史建筑物焕发出勃勃生机，自 20 世纪 80 年代初开放以来，成为广州闻名中外的参观**游览胜地**。

2001 年，中山纪念堂被列为**第五批全国重点文物保护单位**。

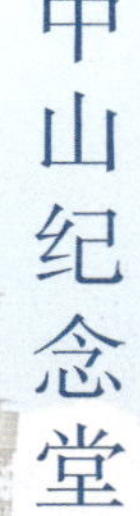

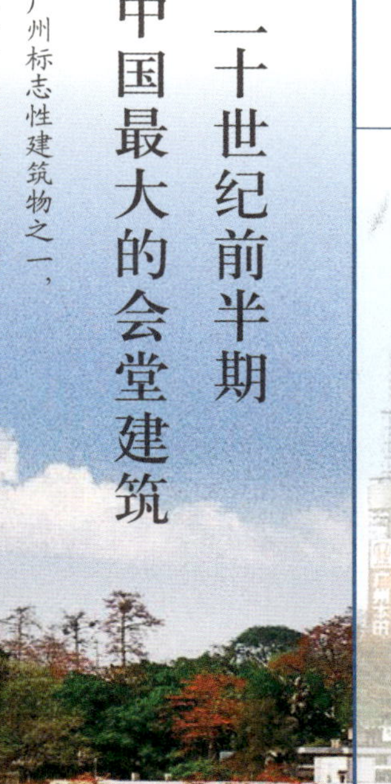

二十世纪前半期
中国最大的会堂建筑

广州标志性建筑物之一，
位于广州市越秀山南麓，
在广州城市传统中轴线上。
广州中山纪念堂原是一九二一年
孙中山任非常大总统时的总统府，
为纪念孙中山先生，
由广州人民和海外华侨筹资兴建，
一九二九年奠基，
一九三一年建成。
全国各地有多个同名建筑，
广州中山纪念堂
是目前全球最大的孙中山纪念堂。

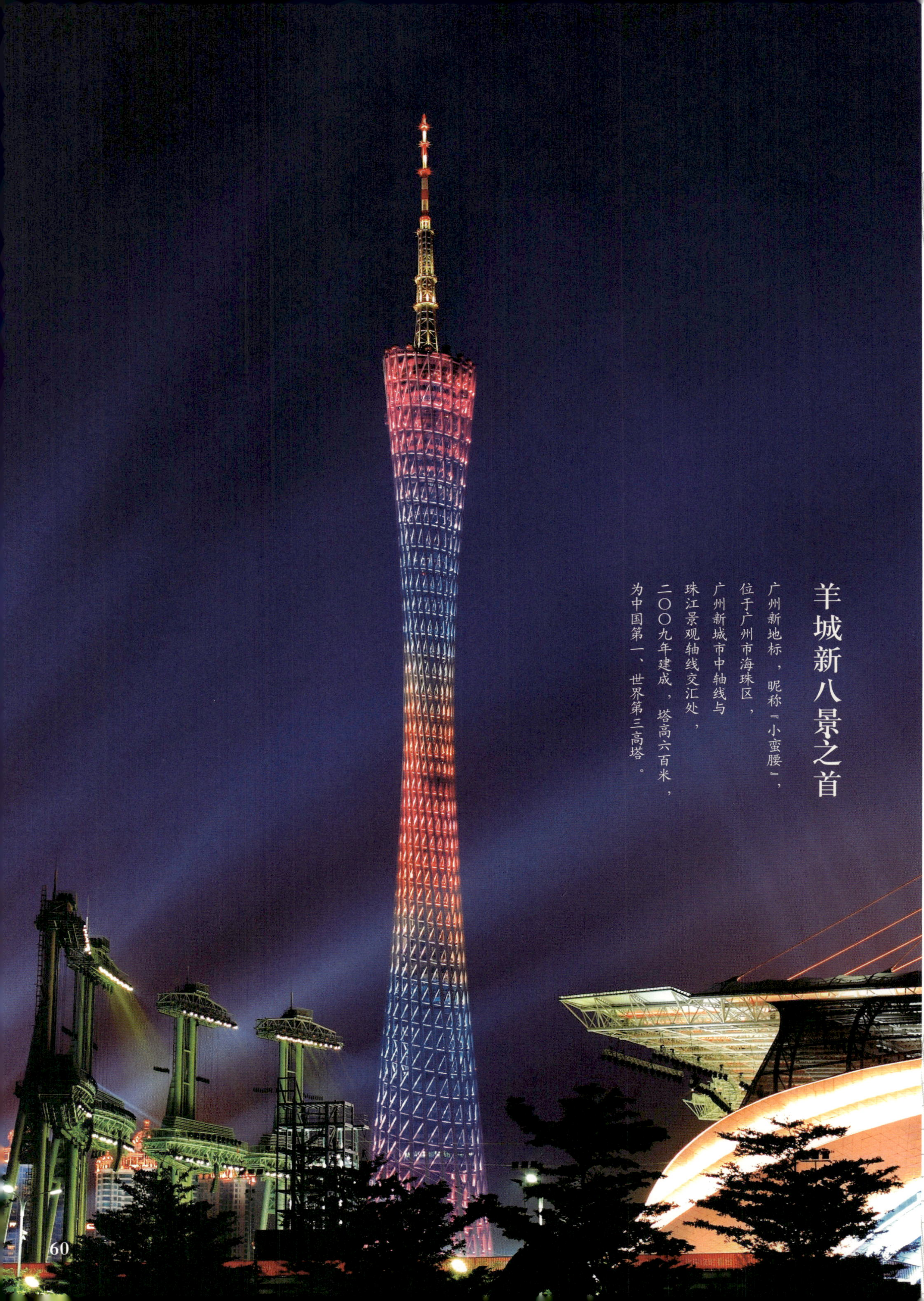

羊城新八景之首

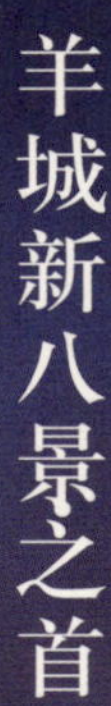

广州新地标，昵称『小蛮腰』，位于广州市海珠区，广州新城市中轴线与珠江景观轴线交汇处，二〇〇九年建成，塔高六百米，为中国第一、世界第三高塔。

广州塔

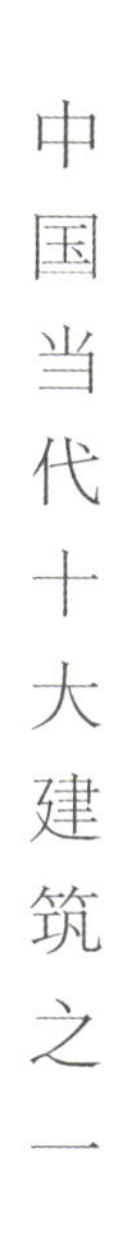

中国当代十大建筑之一

广州塔东视琶洲国际会展区，西瞰二沙岛文化休闲区，南眺大学城文化教育区，北距珠江南岸125米，与海心沙岛及珠江新城CBD商务中心隔江相望，塔上可将广州城市发展新面貌尽收眼底。

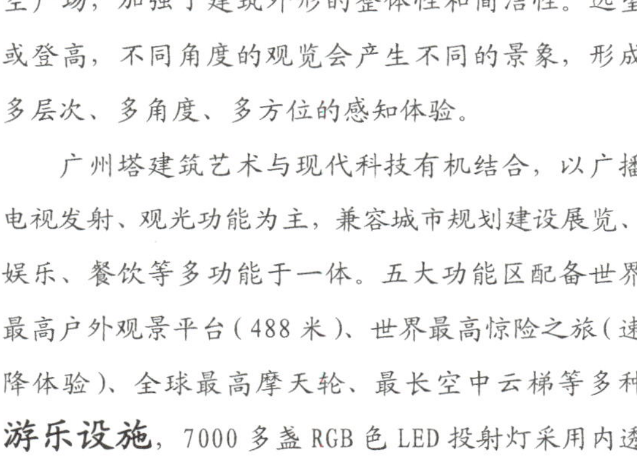

塔体为**非对称镂空钢结构**，塔形下大上小，塔底大椭圆长轴方向与珠江景观轴平行，塔顶小椭圆长轴方向与城市新中轴线重合，两椭圆圆心相错，逆时针旋转135°，在塔身中部形成**“纤纤细腰”**，将钢铁的冰冷、刚健、雄浑之气转化为南国女性的热情柔美之形，尽显岭南文化的精神气质和审美理念。全塔外观突破单筒体式广播电视塔造型，取消传统塔基裙楼，通体钢结构的表皮编织与广阔的架空广场，加强了建筑外形的整体性和简洁性。远望或登高，不同角度的观览会产生不同的景象，形成多层次、多角度、多方位的感知体验。

广州塔建筑艺术与现代科技有机结合，以广播电视发射、观光功能为主，兼容城市规划建设展览、娱乐、餐饮等多功能于一体。五大功能区配备世界最高户外观景平台（488米）、世界最高惊险之旅（速降体验）、全球最高摩天轮、最长空中云梯等多种**游乐设施**，7000多盏RGB色LED投射灯采用内透光的照明方式和色彩明暗组合，生动展现了塔体的外部轮廓和结构肌理。

2011年，广州塔以“塔耀新城”获评**“羊城新八景”**之首，给广州注入了新的活力与色彩。2014年入选**“中国当代十大建筑”**。

这里，原始社会有磨刀石古人类，有马坝人、垌中岩人，母系氏族有贝丘文化，父系氏族有石峡文化，上古有苍梧、驩兜、番禺、缚娄、阳禺、儋耳、雕题等方国。春秋战国时，岭南与楚国等地开始有交往。秦时统一中国，岭南正式纳入中央王朝版图，置南海郡、桂林郡和象郡。至三国归孙吴。至李唐，至赵宋，唐置岭南道，宋设广南路。其间有赵氏南越国、刘氏南汉国，有陈霸先、冼夫人、惠能、张九龄、韩愈、文天祥，这些杰出历史人物，叱咤着千载风云，加速岭南的开发和民族融合，开拓海上丝绸之路，沟通古代中国与世界的联系，演出多少人间喜剧、悲剧、正剧。

上一个千年，『广东』正式登上历史舞台。元设广东道，明建广东布政使司，清设广东省，沿用至今。

广东历宋、元、明、清，成为中国南疆的富饶之区。

从中国近代到现代，从民主革命到社会主义建设，再到当代的改革开放，到全球化竞争，广东采中华之精粹，纳四海之新风，在中华民族伟大复兴的现代化文明之路上，创风气，着先鞭，开先河，既是先知先觉的先锋队，又是先行先试的排头兵。

历史是我们的老师，历史是我们的向导，历史是时间的诗篇，历史是我们的集体记忆。

古人说，欲知大道，必先为史。

当我们在历史的榛莽中采撷到岭南的芬芳，当我们在海上丝路间捕捉到岭海的风浪，当我们在复兴曙光里发现了先烈的战袍和旗帜，我们选取的所有名片便有了丰富的思想意义和精神内涵。

历史不仅可以正衣冠、知兴替、明得失，也可以究天人之际、通古今之变、成一家之言。

历史在每一张名片的持有者那里，还可以察盛衰之理、审时势之宜，更可以荣其国家、安其社稷、耀其先辈、启其后人、善其自身。

每一张名片都会告诉我们：认识历史，尊重过去，就是为了体悟现在、垂示明天，并憧憬无限美好的未来。

贰 千载历史珍贵

历史是什么？

简单地说，时间一过，即成历史。时间不能回头，历史也不能重复。

但历史可以记忆，可以描述，可以回味。

一切过去发生的事实，一切过去出现的事件、活动、行为、现象，人的，社会的，自然界的，被后人回忆、描述，被后人记录、记载，被来者研究、审视、解释，那就是历史。

无论是对一个国家、一个民族来说，还是对一座城市、一个地区乃至一个个人来说，历史实在是极其重要、相生相伴、须臾不可离的精神遗产。

古语云：以铜为镜，可正衣冠；以古为镜，可知兴替；以人为镜，可明得失。一个人没有了记忆，叫失忆；一个民族忘记历史，叫迷失；一个国家无视历史，叫愚昧。

岭南历史源远流长，丰富多彩，内涵深厚，影响深远。越来越多的考古发现证明，珠江流域与黄河流域、长江流域一样，同为中华文明的重要发祥地。

马坝人遗址与石峡遗址

宝镜湾遗址

南越国遗迹

西来初地

梅关古道

古迹遗芳

马坝人遗址与石峡遗址

目前华南地区唯一被发现的早期智人头骨化石

马坝人头骨化石为一头骨的颅顶部分，包括额骨和部分顶骨，还保存了右眼眶和鼻骨的大部分，属一中年男性个体。其原始特征是顶骨低平，额骨向后倾斜，较现代人为低，但高于北京猿人；眉脊粗壮，前缘前突，似猿人，但颅骨壁较猿人薄，颅穹窿较为隆起，说明脑量较大，显示出智人的进步特征。因而分类上可归于早期智人，在亚洲代表着直立人转变为早期智人的重要环节。马坝人头骨化石是目前华南地区唯一被发现的**早期智人头骨化石**，马坝人遗址至今尚未发现有文化遗物。

马坝人是介于中国猿人和现代人之间的一种**古人类**。马坝人的发现，有助于研究古人类在粤北地区的活动和当时的地理气候及生态环境，也为进一步探讨人类演化和发展过程提供了宝贵材料，不仅扩大了中国远古人类分布范围，还填补了岭南地区人类进化系统上的空白。

1973 年，在狮子岩的狮头山与狮尾山之间又发现了新石器时代遗址，即**石峡遗址**。遗址内有 4 个不同时期的文化堆积：距今约 6000 年的新石器时代文化层；距今约 5000 ~ 4000 年被命名为“石峡文化”的新石器晚期文化层；距今约 3800 ~ 3100 年的早期青铜文化层；西周晚期到春秋时期的晚期青铜文化层。

石峡遗址内发现有柱洞、灰坑、陶窑等遗存，被清理的公共墓葬有 100 多座，并出土有石器、陶器及玉器等。

自此以后，马坝人遗址和“石峡文化”蜚声中外。2001 年，石峡遗址被列为**第五批全国重点文物保护单位**。2006 年，马坝人遗址为合并项目归入第五批全国重点文物保护单位石峡遗址。

『石峡文化』蜚声中外

马坝人遗址位于今广东省韶关市曲江区马坝镇狮子岩东北麓洞穴里。一九五八年，在狮子岩狮头山洞穴里，发现古人类头骨化石，属旧石器时代中期，距今约十二万九千年。因被发现于广东韶关马坝镇，遂被命名为马坝人。与马坝人化石相伴的有鬣狗、大熊猫、剑齿象等脊椎动物化石。

宝镜湾遗址

浓墨重彩的海洋华章

宝镜湾**摩崖石刻**距今已有三千多年，1989 年由当地考古工作者发现，有“中国沿海地区史前岩画最杰出的代表作”之美誉。主要分布于“藏宝洞”“天才石”“宝镜石”“大坪石”4 个地方，共 6 处。其中**藏宝洞岩画**是最重要的一处，保存最好，具有画面大、图像结合紧凑和构思奇特等特点；画面长 5 米，高 2.9 米，以阴纹凿刻的方式在花岗岩石壁上抽象地刻制出人物、船形、蛇兽、云雷纹、波浪纹以及反映青铜时代的其他图像、纹饰和符号，线条粗犷，风格古朴。其余岩画的风格和技法有明显不同，但内容都与海有关，有船、波浪及鹿、蛇等动物，有巫师，有先民居住的干栏式房屋，都是反映渔民的海岛生活、信仰和心态，展现南越先民的生活状态或图腾崇拜。

宝镜湾岩画的文化内涵多为古代具有**海洋色彩**的宗教信仰、图腾崇拜和祭祀习俗，与北方反映游牧生活的岩画有所区别，又不同于广西、云南等地用涂料描绘的岩画，而与香港、台湾发现的岩画比较相似，与江苏连云港、福建漳州等东南沿海的岩画比较则自成体系。

登临摩崖石刻所处的**风猛鹰山**，在苍松巨石之间，遥望海天景色，时而波平如镜，时而惊涛骇浪，实乃天地自然鬼斧造化之神工。宝镜湾岩画的发现填补了广东史前海洋考古的一大空白，为广东史前文明增添了浓墨重彩的海洋华章，具有珍贵的史料价值和旅游价值。

2006 年，宝镜湾遗址被列为**第六批全国重点文物保护单位**。

中国沿海地区史前岩画最杰出的代表作

宝镜湾遗址位于珠海市高栏岛西南部的宝镜湾，面积一万多平方米，是一处沙丘连山岗遗址。一九九七年至二〇〇〇年，先后出土了大量新石器时代晚期至商周时期的陶器、石器、玉器、水晶器等遗物及居住遗迹。遗址附近发现了摩崖石刻，画面内容与遗址之间有某些内在联系，如岩画线条与陶片纹饰有很大的相似性。

中国世界文化遗产预备名单

南越国遗迹主要包括南越文王墓、南越国宫署遗址、南越国木构水闸遗址，位于广州市越秀区内。

广州历史文化名城的精华所在

南越文王墓位于广州市解放北路象岗山，深藏在地下20余米，1983年6月被发现，是迄今岭南地区发现的年代最早、规模最大、随葬物最丰富的**彩绘石室墓**。墓主为南越国第二代王文帝**赵眜**，墓室由红砂岩砌筑，建筑面积约100平方米，仿照“前堂后寝”形制，由七个墓室构成，前面三室分别为前室和东、西耳室，后面四室为主棺室、东西侧室和后藏室。墓中出土了“文帝行玺”金印、赵眜玉印、丝缕玉衣、龙凤纹重环玉佩、角形玉杯、银盒、错金铭文虎节、玉舞人等一万余件文物。这些珍贵文物全面、真实地展示了两千多年前岭南地区的政治、经济、文化等多方面情况，在岭南早期开发史、秦汉考古等方面有着重要的研究价值。

银盒是与海上丝绸之路起源有直接联系的一件器物。它发现于南越文王墓主棺室的主棺椁足箱中，通高12.1厘米，重572.6克。从蒜头形凸纹、捶揲式的制造方式，器身银含量等方面皆可证明，这件银盒应是一件海外舶来品，源自波斯地区。此外，墓中出土的非洲象牙、西亚乳香、船纹铜提筒等器物，都是广州作为中国海外贸易的重要港口、海上丝绸之路始发港之一的有力物证。

西汉南越王博物馆以南越文王墓为中心，依山而建。博物馆因陵墓的石室所用石材为红色砂岩，所以展馆外墙也选用红砂岩作衬面，独具匠心，突出了遗址的文化传承。西汉南越王博物馆是岭南现代建筑的代表，被誉为**“20世纪世界建筑精品”**。2008年，西汉南越王博物馆被评为**国家一级博物馆**。

南越国宫署遗址为西汉初年南越国都城的王宫与宫苑遗址。1975年以来，在广州市老城区的城隍庙以西，吉祥路以东，广东省财政厅以南至西湖路，逾40万平方米的范围内，多次发现南越国的遗迹。其中于1995年和1997年分别发现了南越国石构水池和残长180米的**曲流石渠遗迹**，这是迄今为止全国发现的年代最早的皇家园林实例。此外，还发现了南越国一号宫殿、二号宫殿、食水砖井、北宫墙、砖石走道和排水系统等丰富遗迹，出土了规格多样、形式各异的砖瓦建筑材料。2005年，在一口南越国渗井中，出土了百余枚**木简**，这是广东地区的首次发现，为研究南越国历史提供了珍贵的第一手文字资料。

南越国宫署遗址保留有从秦代到民国的历史文化遗迹，犹如一部反映广州城市建设的实物史书，被誉为**“广州历史文化名城的精华所在”**，是了解广州城市发展的重要窗口。

南越国木构水闸遗址位于广州市越秀区西湖路与惠福东路之间，于2000年被发现。遗址距今地表深约4米，结构保存较为完整。水闸自北向南，闸门宽5米，南北长35米，两端呈“八”字形敞开。闸门位于闸室中部，水闸底部北高南低，水由北向南排入珠江。南越国木构水闸遗址是南越国时期番禺城南、珠江北岸的城市排汲水利工程遗存，在当时起到防洪、防潮和排水的作用，是世界上发现年代最早、规模最大、保存最完整的木构水闸遗址。

1996年，南越文王墓、南越国宫署遗址被列为**第四批全国重点文物保护单位**。2006年，南越国木构水闸遗址为合并项目归入第四批全国重点文物保护单位南越文王墓、南越国宫署遗址，南越国遗迹被列入**《中国世界文化遗产预备名单》**。2012年，在预备名单中，除南越国遗迹外，海上丝绸之路也榜上有名，广州是海上丝绸之路联合申报的城市之一，南越文王墓、南越国宫署遗址同时被提名列入**首批海上丝绸之路（中国段）遗产申报点**。

西来初地

一花一世界　三藐三菩提

“西来初地”含义丰富，“西来”除了特指“西方天竺”的地理意义之外，更有**禅宗祖师**特定的宗教文化含义。据史书记载，达摩曾在六榕寺住过，该寺从此无蚊。又载，光孝寺内有洗钵泉，相传达摩洗钵于此。《白云粤秀二山合志》载，达摩曾在光孝寺指着一块地说，地下有黄金。众人争掘，掘至数丈，但见清泉喷涌却不见黄金，达摩回答禅机十足：“此金不可以斤两计！”所掘之处，日后成井，称“达摩井”。

隋朝以前此地为珠江河岸，梁普通七年（526），天竺国高僧**菩提达摩**东渡中国传播佛法，来到广州，在绣衣坊码头(今下九路附近)登岸。达摩在广州上岸后，就在登陆处建寺庙，名为西来庵。西来庵历隋、唐、宋、元、明、清，多次修葺，“传灯不绝”，长盛不衰。清顺治十二年（1655），重修西来庵，改名为**华林寺**。华林寺布局与一般寺庙不同，没有大雄宝殿，五百罗汉堂就成了主殿。五百罗汉金碧辉煌，形态各异。达摩堂建成之前，它又是寺中唯一的殿堂。现存的**达摩堂祖师殿**重建于20世纪90年代。殿堂坐北朝南，堂前石柱有一副木刻对联写道，“东土禅宗传妙法，西域宝甸辟华林”，赞颂初祖达摩由西来中国传播宗教文化事迹。

达摩在广州的宗教活动时间不长，后辗转到中原传教。“西来初地”不仅是中国**禅宗源头**，也是外来文化通过海上丝绸之路传入中国的象征，在禅宗史及中外文化交流传播中具有十分重要的地位。在广州这个洋溢着世俗精神的城市，“西来初地”这个名字总会给人无尽遐想。

东土禅宗传妙法
西域宝甸辟华林

『西来初地』是广州上下九路几条相连内街的合称，位于荔湾区下九路西来正街一带。街口立有石碑，碑刻『西来古岸』四字，意指当年达摩在此登岸。西来初地的牌楼上写着佛家偈语：『一花一世界，三藐三菩提。』

梅关古道

岭南第一关

古代沟通南北的交通孔道

南岭之险阻，把古代广东与内地分隔开来。
历史上，岭南曾被称为『蛮荒之地』。
从唐代开始，中原文化通过粤赣边界的一条梅关古道，
传播到了南粤大地，
『兹路既开，然五岭以南，人才出矣，财货通矣，
中原之声教日近矣，遐陬之风俗日变矣』。

梅关位于五岭之一大庾岭东段的梅岭顶端，是古代中原、南方地区通往岭南的**重要关隘**，兼具军事要塞、税关功能。北宋嘉祐年间（1056—1063），梅岭立关，始称“梅关”。现存梅关关楼建于明万历年间(1573—1620)。关楼的上方现镶嵌明代南雄知府蒋杰题的石刻匾额，北书**“南粤雄关”**，南书**“岭南第一关”**。关楼北侧的石碑为清康熙年间（1662—1722），南雄知府张凤翔所立，石碑上刻有“梅岭”两个刚劲有力的大字。

梅岭古驿道，始通于秦汉，唐开元四年（716），**张九龄**奉诏开凿扩展。古道从梅关向南北两边伸延，北连江西大余，南达广东南雄，全长约 40 公里，道宽 2 ~ 4 米，以青石及鹅卵石铺砌而成，为古代沟通南北，连结长江、珠江水系的**交通孔道**。古道历代都有修补，并在路旁广植松、梅等树。粤汉铁路和雄余公路开通后，梅岭古驿道失去了南北交通孔道作用，现仅存关楼两侧约 8 公里道路。

南粤雄关
梅嶺

距大庾岭约20公里的**珠玑巷**位于南雄县城北9公里处，是一条古村道，长约半公里，南北向。两宋时，每天往返梅关伕力不下千人。岭下的珠玑巷，为客货水陆转运**重要枢纽**，明代设置珠玑街、石塘街、里东街、灵潭街、中站街、大迳街、小岭街7条商业街，两旁茶坊客栈、各种店铺，鳞次栉比。许多省份的大量商贾抵达这里，越山南运，跨岭北转；运送广东的外国货物，也经由同一条道路输往内地。

珠玑巷古屋夹道，道上有三座门楼，第一座门楼名“珠玑街”，第二座门楼名“珠玑楼”，有石刻“珠玑古巷吾家故乡”字样，第三座门楼名“珠玑古巷”。珠玑巷是南迁移民过岭后的第一站，被称为**“广东第一巷”**。相传唐时原名“敬宗巷”，当地族人张兴七世同堂，曾获唐敬宗赏赐珠玑绦环，故名。另一说，南宋时中原开封祥符许多官员因避战乱南迁，翻越南岭而入住南雄。因祥符有珠玑巷，为怀念故里，遂改“敬宗巷”为“珠玑巷”。

珠玑巷既是岭南广府人的发祥地，又是南迁汉族迁徙记忆、宗族意识的精神象征，还是海外广府华侨华人桑梓之思的文化表征。据统计，珠江三角洲的 29 个市县有 153 种姓氏来源于珠玑巷，有数以千万的珠玑巷人后裔移居国外。这些人及其后裔，把珠玑巷视作**“祖宗故居”**。如今，珠玑古巷被《中国国家地理》杂志评为 **“广东最美街区”**。

梅关古道是岭南与中原、南方地区往来的主要通道，促进了我国南北方地区以及东西方的经济文化交流。2014 年，南粤雄关与古道被列为**第七批全国重点文物保护单位**。

番禺都会
徐闻古港
光孝寺
南海神庙
怀圣寺光塔
广州市舶司
南海Ⅰ号
樟林古港
广州三桅
粤海关旧址
广州十三行

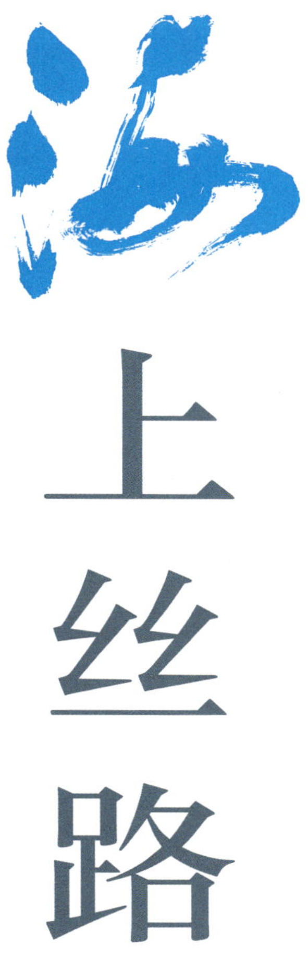
海上丝路

番禺都会

海洋色彩的异国情调

“番禺”一名在广州秦汉考古遗址中时有发现。在广州石头岗秦代遗址出土带**“蕃禺”**铭文的漆盒，是考古实物所见番禺最早的名称。1982 年，南越文王墓在广州市解放北路象岗山被发现，其中出土的 9 件铜鼎，刻有“蕃”“蕃禺”铭文，显示这些器物为番禺制造。在南越国宫署遗址一块石板上，发现刻有秦隶“蕃”字。到东汉，“蕃禺”则省作“番禺”，如香港九龙李郑屋东汉墓砖，有“大吉番禺”砖文。灵帝时《白石神君碑》亦作“番禺”。

南越国时期番禺作为都城和岭南中心城市，是南海北岸著名的都会和舶来品集散中心。南越文王墓出土的**波斯风格圆形银盒**，造型和纹饰风格与波斯帝国（前 550—前 330）时期的一些金银器类似，可能是一件西亚的舶来品。该墓出土**焊珠金花泡** 39 枚，焊接工艺极为高超，与西亚出土的多面金珠上的小珠焊接法相同。南越文王墓西耳室出土的**非洲象原支大象牙** 5 支，应该是海外贩运而来。如此之多的海外舶来品在南越文王墓出土，说明远在印度、波斯湾地区的珍贵物品，通过海路贸易辗转至番禺的南越国宫廷，给南越文化增添一抹带有海洋色彩的异国情调。南越国的对外贸易，不仅奠定了番禺作为南中国海沿岸的主港地位，而且为汉代海上丝绸之路发展打下了坚实的基础。

西汉元鼎六年（前 111），灭南越国，置南海、郁林、苍梧、交趾、合浦、九真、日南七郡。**汉武帝**随后派遣使者从雷州半岛——北部湾沿海的徐闻、合浦等地前往南海地区，最远到达印度半岛南部的黄支国和已程不国（今斯里兰卡），是海上丝绸之路发展史上的**里程碑**。汉代番禺仍然是岭南的商业中心和国内著名的都会，也是海上丝绸之路的中心枢纽。据《史记·货殖列传》记载，“番禺亦其一都会也”，是当时全国 9 个著名都会之一，称番禺“珠玑、犀、玳瑁、果、布之凑”。《汉书》列举国内 7 个著名都会，称粤地“处近海，多犀、象、玳瑁、珠玑、银、铜、果、布之凑，中国往商贾者，多取富焉。番禺，其一都会也。”

广州汉代墓葬考古中，发现数量不少的外国人形象的陶俑随葬品，说明番禺的人口除了汉人、越人之外，还有来自海外的其他族群，也证明番禺曾是早期海上丝绸之路上一个多种族杂居、多元文化交汇的**国际性都会**。

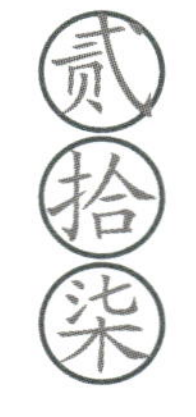

汉代海上丝绸之路的中心枢纽

秦始皇三十三年（前二一四），秦军统一岭南，任嚣任南海郡尉，在南海郡番禺县（今广州）建城作为郡治，因处番山和禺山故起名为『番禺城』。

秦末，南海郡尉任嚣病危，召龙川令赵佗，谓番禺『负山险阻南海』，『可以立国』，并假托秦廷命令，委赵佗代理南海郡尉。

西汉高帝四年（前二〇三），赵佗自立为南越王，定都番禺。

徐闻古港

欲拔贫 诣徐闻

早期的海上丝绸之路其中一路从**徐闻**出海，越北部湾，入印度洋，到达马来半岛，缅甸、印度等国家和地区。《汉书·地理志》记载，汉武帝时，曾招募商人组织大规模船队，由宫廷派出的黄门译长等率领，携带中国丝绸和黄金，从徐闻、合浦、日南等港口出航，前往东南亚各国，最远到达今天的斯里兰卡，进行官方贸易，换回明珠、壁琉璃及奇石等异物。这一重要事件，说明从汉朝南方港口起航西行的海上航线，与从地中海、波斯湾、印度洋沿海港口出发往东的海上航线，在印度洋上相遇并实现了对接，标志着连接东西方的海上丝绸之路已经贯通，徐闻成为**海上丝绸之路始发港**之一。

徐闻历史上流传许多传说。徐闻古港以**三墩**尤为著名，古称"小蓬山"，雅号"瀛岛联壁"。传说汉武帝追求长生不老，曾屡次派人东出海上寻仙，均无功而返，于是派官员南下，官员乘舟搏浪，开始了艰难的寻觅。一天，舟至徐闻县讨网村（今二桥村、仕尾村一带）南面海上，发现三处绿色的小岛。当时海面薄雾笼罩，三处小岛似美女遮着纱巾，若隐若现，妙不可言，官员以为找到了传说中的蓬莱仙境，心花怒放，脱口叫绝。此后，三墩就有了 **"小蓬莱"** 之称。

海上丝绸之路始发港之一

徐闻古港位于今雷州半岛南端，与海南隔海相望。

『以其地迫海，涛声震荡，曰是安得其徐徐而闻乎』而得其名。

早在六七千年前的新石器时代，就有先民繁衍生息。

汉元鼎六年（前一一一）平南越，置岭南七郡，

其中合浦郡领徐闻、高凉、合浦、临允、朱卢五县，属交州，

辖境相当于今粤西雷州半岛、广西北部湾沿海一带。

其时徐闻傍海，对外交通方便，贸易鼎盛，

是有文字记载的早期对外贸易航线起航地之一。

苏轼《伏波庙记》中曾提及『四州之人，以徐闻为咽喉』。

民谚也有『欲拔贫，诣徐闻』之说。

光孝寺

未有羊城 先有光孝

光孝寺本是西汉南越王赵佗玄孙**赵建德**的府第。三国时，东吴骑都尉虞翻居此讲学，时称“虞苑”。虞翻逝世后，家人捐宅为寺，匾曰“制止”。其寺曾屡次更名，南宋绍兴七年（1137）名为报恩广孝禅寺，绍兴十一年（1141）改称报恩光孝禅寺，绍兴二十一年（1151）易名**光孝寺**，并沿用至今。

光孝寺现占地面积约3万多平方米，坐北向南，**主要建筑**有山门、天王殿、钟楼、鼓楼、大雄宝殿、瘗发塔；西有西铁塔、佛殿、大悲幢；东有六祖殿、伽蓝殿、洗钵泉；再往东有碑廊、洗砚池、东铁塔等。寺内诃子、菩提等古木婆娑，葱茏如伞，环境清幽。

主体建筑**大雄宝殿**为东晋隆安五年（401）昙摩耶舍始建，后历代均有修缮，为岭南地区最雄伟的大殿。**瘗发塔**，是六祖惠能削发受戒后瘗藏头发之处。东铁塔有七层，是南汉后主刘鋹于大宝十年（967）捐铸，因塔身有千尊小佛，称“千佛塔”。西铁塔比东铁塔早四年铸造，今仅存三层。两座塔均为我国现存最早的大铁塔。寺内还存有唐代至清代碑刻多方。

光孝寺历史上祖师辈出。梁天监元年（502），天竺神僧**智药三藏**到达广州，从释迦牟尼佛成道处带来一株菩提树苗，植于寺内，并预言170年后，“当有肉身菩萨于此树下开演上乘法门，度无量众。”陈永定元年（557），西印度**真谛**在此翻译《金刚般若经》《俱舍论》《佛性论》等佛经40部。唐仪凤元年（676），六祖惠能在此论风幡关系并披剃受戒传法，故又成为南宗禅的发祥地。唐神龙元年（705），印度般剌密谛三藏法师在寺内译出**《楞严经》**，成为当今汉传佛教早晚功课必诵经典。

自古以来，光孝寺是**中外佛教文化交流**的圣地。西行求法和东来弘法的高僧常驻锡于此。唐代东渡日本的鉴真大师、明末清初天然和尚等高僧曾住此寺。

1961年，光孝寺被列为**第一批全国重点文物保护单位**。2012年，光孝寺被提名列入**首批海上丝绸之路（中国段）遗产申报点**。

岭南佛教丛林之冠

光孝寺位于广州市光孝路，建于三国时期，是岭南历史最悠久、影响最深远的寺院。广州民谚说：『未有羊城，先有光孝。』光孝寺因早期规模宏大，为岭南佛教丛林之冠。

南海神庙

万里波澄

相传唐朝时，波罗国有来华朝贡使，回程时经过南海神庙，遂登庙拜谒，并将两颗波罗树种子植于庙中；但因迷恋庙中的秀丽景致，误了归船，于是望江悲泣，并举左手于额前作望海状，最后立化在海边。人们将其厚葬，并塑像祀于庙中，当地村民俗称此塑像为**“番鬼望波罗”**，南海神庙也因此被称为“波罗庙”。

南海神庙经过历代重修和扩展，规模宏大。庙殿威严宏阔，分为正殿、寝殿和东西长廊，是**唐代庙宇**的结构风格。此地面对珠江口，曾经是重要港口。庙前石坊上的“万里波澄”为**康熙帝**御笔亲书。庙内碑刻林立，有唐代韩愈撰文、陈谏所书的《南海神广利王庙碑》，还有许多宋、元、明、清的碑刻 30 余方，是记载古代海上交通史以及历朝史事的珍贵资料。

秦汉以降，广州是南海交通的主要枢纽，海上丝绸之路的起点之一，而位于“扶胥之口，黄木之湾”的**扶胥港**是海上丝绸之路的出发码头，从广州出发的航船或来自远方的贸易船队，经过南海神庙均登庙祭祀，以求航海平安、生意顺利。南海神庙见证了**海上丝绸之路**在广州的发端。

历代统治者对南海神的祭奠非常隆重，自唐开元年间（713—741）起，皇帝每年都会派遣官员致祭。宋元以来，民间在每年南海神诞期间，即农历二月十三举行庙会，进行祭祀南海神活动，俗称**“波罗诞”**。珠江三角洲一带的善男信女都会来到庙里，祈求南海神保佑国泰民安、风调雨顺。同时也买几只**波罗鸡**，以求好运。

在南海神庙西侧有一处名叫**“章丘”**的小山岗，岗上有“看海亭”，因其三面环海，成为羊城人民观看南海日出的最佳之处，被称为“扶胥浴日”（亦称**“波罗浴日”**）。北宋绍圣元年（1094），苏轼被贬至岭南惠州，途经广州，慕名来到南海神庙观看“波罗浴日”胜景，被海中浴日的奇观所吸引，遂写下《南海浴日亭》一诗。明屈大均曾有“火云一烧，天海皆赤”之句，描绘其美丽壮观景象。

2012 年，南海神庙及明清古码头被提名列入**首批海上丝绸之路（中国段）遗产申报点**。2014 年，南海神庙被列为**第七批全国重点文物保护单位**。

中国古代四大海神庙仅存的一座

南海神庙位于广州黄埔庙头村，古代属于扶胥镇，是中国古代四大海神庙中仅存的一座，建于隋开皇十四年（五九四），为奉祀南海神而建。宋代广州城西也有南海神庙，称西庙；黄埔南海神庙在广州东部，故称东庙。

海上丝绸之路的重要遗址

光塔为阿訇呼号礼拜的**宗教建筑**，高 36.3 米。塔为青砖砌筑，外抹蚬壳灰，呈下大上小的圆柱体，收分明显。塔身有长方形小孔采光。塔内南北沿壁绕塔心分砌盘旋梯直达塔顶。顶部上建一**圆柱形塔刹**，上置一金鸡，可以随风旋转，以示方向。明洪武二十五年（1392），毁于飓风，后经多次重修。现存光塔为 1934 年所修，改为火焰形尖顶。

光塔初为定时呼唤教徒做礼拜用，后兼有导航和风标之用。该塔**造型奇特**，为高层古塔中所罕见，抗震性能和结构的整体性均十分优良。

怀圣寺光塔是海上丝绸之路的**重要遗址**。唐代波斯人、大食人沿着海上丝绸之路，不远万里来到广州，形成繁华的中外贸易区，广州成为唐朝最大的对外贸易港口。

怀圣寺光塔是中外交往的历史见证，对研究古建筑和中外交往史、伊斯兰教史、广州城建史有重要价值。1996 年，怀圣寺光塔被列为**第四批全国重点文物保护单位**。2012 年，怀圣寺及光塔被提名列入**首批海上丝绸之路（中国段）遗产申报点**。

怀圣寺光塔

中外交往的历史见证

怀圣寺光塔位于广州市光塔路，始建于唐代，是伊斯兰教传入中国后最早兴建的清真寺塔，为纪念伊斯兰教创始人『至圣』穆罕默德，曰『怀圣寺』。寺内建塔，因塔顶有灯光，故名光塔。元代，寺毁于火，仅存光塔，矗立于寺之西南角。寺内现有建筑看月楼、长廊、碑亭、经房、水房、礼拜殿等，均为清至民国时期重建。

古代对外贸易管理的主要机构

市舶，是指古代互市贸易的船舶。

唐代鼓励中外交往贸易。

其时，市舶云集珠江，广州为重要通商口岸。

至迟在唐开元二年（七一四），已置有市舶使。

市舶使的主要职责是管理『纳舶脚』（征管市舶税）、『收市』（采办宫廷所需舶来品）、『进奉』（外国向皇帝进贡的物品）。

市舶管理机构时称『市舶使院』，是市舶司前身。

广州市舶司

金山珠海 天子南库

宋代重视市舶贸易，市舶制度更为完善。开宝四年（971），在广州设市舶使。后改置市舶司，续在杭州、明州（今宁波）设**市舶司**，时称“北宋三司”，广州居首。北宋以后，按照行政规划“路”来命名市舶司，即广东南路的广州市舶司，福建路的泉州市舶司，还有两浙路市舶司，时称 **“三路市舶司”**。

宋元丰三年(1080)，朝廷颁布**《广州市舶条法》**，为第一部市舶专法。《广州市舶条法》规定舶来品必须专卖；凡出入港口的船舶必须持凭证，到市舶司登记；贸易船舶来航、回航时必须按规定港口停泊；对招徕商舶的有功人员给予奖励，对营私舞弊的行为则加以禁止；还规定市舶司在礼宴外商、保护来往使节、商船及财物等方面的职责。

宋、元之际，广州因战乱对外通商陷于停顿。元至元二十三年（1286），复设广州市舶司，其后屡有置废。至治二年（1322），复置泉州、广州、庆元（宁波）三司至元末。

明代朝贡贸易兴盛，以**朝贡贸易**形式严格控制海外贸易，规定来贡国家的朝贡限期和登陆口岸。明初，宁波、泉州和广州分别设置市舶提举司，指定宁波通日本，泉州通琉球，广州通占城（越南中部）、暹罗（泰国）、满剌加（马来西亚）、真腊（柬埔寨）和西洋诸国，负责管理南海诸国的朝贡贸易。明永乐元年（1403），在广州设怀远驿，泉州设来远驿，宁波设安远驿，由市舶司掌管接待各国贡使及其随员。在永乐三年（1405）至宣德八年(1433)郑和七使西洋期间，朝贡国家众多，规模超前，朝贡贸易繁荣。明中叶随着海外贸易制度转型，**商舶贸易**取代贡舶贸易而居主导地位，澳门开埠并成为广州外港，广州—澳门构成中国连接全球海运航线的一个枢纽，广东在明代号称“金山珠海，天子南库”。明代福建、浙江市舶司时置时罢，惟广东市舶司长期不废，一直延续到明末。

清康熙十九年（1680），在广州复设市舶司。康熙二十四年（1685），在广州设立**粤海关**，自此海关成为对外贸易管理的主要机构，广州市舶司自此终废。

我国发现年代最早保存最完整的宋代海船

『南海Ⅰ号』是一艘南宋时期意外沉没在广东省台山市上川岛海域的贸易商船，是迄今为止我国发现年代最早、保存最完整的宋代海船。

南海I号

数以万计的稀世珍宝

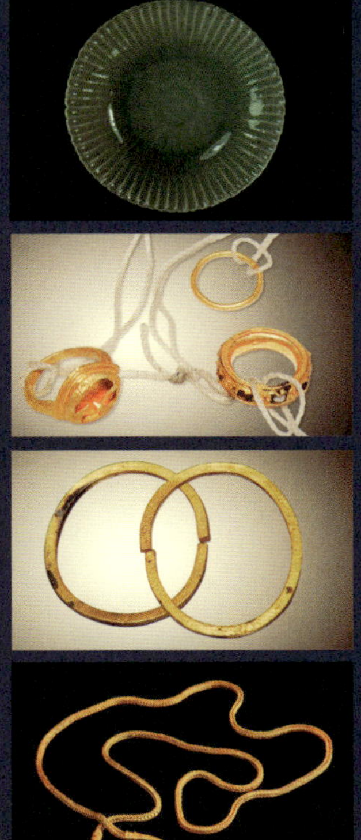

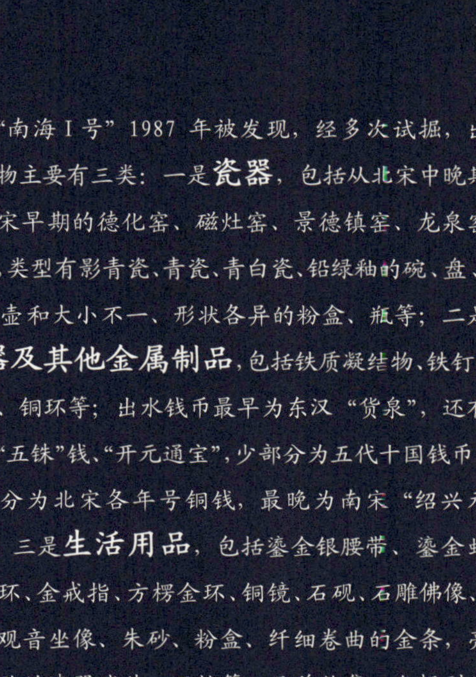
“南海I号”1987年被发现，经多次试掘，出水文物主要有三类：一是**瓷器**，包括从北宋中晚期至南宋早期的德化窑、磁灶窑、景德镇窑、龙泉窑产品，类型有影青瓷、青瓷、青白瓷、铅绿釉的碗、盘、碟、壶和大小不一、形状各异的粉盒、瓶等；二是**铁器及其他金属制品**，包括铁质凝结物、铁钉、银锭、铜环等；出水钱币最早为东汉“货泉”，还有隋唐“五铢”钱、“开元通宝”，少部分为五代十国钱币，大部分为北宋各年号铜钱，最晚为南宋“绍兴元宝”；三是**生活用品**，包括鎏金银腰带、鎏金虬龙纹环、金戒指、方楞金环、铜镜、石砚、石雕佛像、石雕观音坐像、朱砂、粉盒、纤细卷曲的金条，亮丽精致的漆器残片、石枕等。目前收集、发掘到的遗物，只是沉船遗物中的一小部分，遗物总量估计有6万到8万件。现有资料表明，这艘南宋初年的海船长约30米、宽10米，船体庞大，它为复原海上丝绸之路的历史、陶瓷史提供了极为难得的实物资料，可以从中获得文献和陆上考古无法提供的信息。

海上丝绸之路因中国丝绸大量销往海外而得名，又称“陶瓷之路”“茶叶之路”和“香料之路”。以汉代广东番禺、徐闻等港口为起点，海上贸易航线远达印度洋斯里兰卡等地。经魏晋南北朝时期的发展，至唐宋时期臻于鼎盛。**海上丝绸之路**和西北大陆的**古丝绸之路**一起，共同成为连接东西方文明的桥梁。由于发现“南海I号”的海域位于传统的海上丝绸之路航线上，考古学家认为，“南海I号”的发现，不仅找到了数以万计的稀世珍宝，而且为研究这段历史提供了不可或缺的见证，填补了与古代中国海上丝绸之路密切相联的一段历史空白。

粤东通洋总汇

樟林古港位于今汕头市澄海区东里镇境内，清乾隆至嘉庆年间（一七三六—一八二〇）全盛时，港埠占地面积约四点六万平方公里，东起新兴街、西至蚓墩脚、南起叶厝园、北至天后宫。古时因『遍地樟木，枞灌成林』而得名。

樟林古港

闽商浙客 巨舰高桅
扬帆挂席 出入往来

樟林古港在明代是东南沿海海上走私据点。清康熙二十二年(1683)统一台湾，次年宣布开海贸易，潮汕人出洋谋生者日众，南洋贸易随之兴旺。各地富商巨贾云集樟林，经营商船贸易，并迅速崛起为大米入口的集散地。按雍正元年（1723）朝廷规定，出海商船、渔船必须在船头两披及大桅上截，各照省份分别油饰。广东船沿用红油漆，故称**“红头船”**。乾隆年间（1736—1795），该港是红头船的最大基地，每次出海船队可达百余艘之多，成为潮汕地区发达的海运贸易商港，当时号称**“粤东通洋总汇”**。

清乾隆七年（1742）**樟林**扩埠，至嘉庆年间（1796—1820）已发展成有六社八街的大市镇，“闽商浙客，巨舰高桅，扬帆挂席，出入往来”。众多背井离乡“过番”谋生的破产农民，也在此乘“红头船”出洋，揭开潮汕人民大量移居海外的序幕。后因海岸线变迁，汕头开埠后逐渐被**汕头港**所取代，随之衰落。原港址今已距海 10 多公里，却仍保存有古港残河、洋船栈房、天后庙、风伯庙、永定楼、巡检司等遗址和樟林扩埠的碑记石刻，每年都有几百人次的华侨来到这里寻根。

新兴街是樟林古港的著名货栈区，建于清嘉庆七年（1802），至今保存完整，是樟林古港繁荣时期的一个历史缩影。它见证了潮汕人对外拓展、对内繁荣经济的历史。

牂牁大洋之捍门
南越封疆之华表
一郡风水之所系

莲花塔建于明万历四十年（1612），为番禺举人李惟凤、刘如性及生员陈奎聚等筹资兴建，原名“文昌塔”。因莲花山多砺石，塔旁山麓东面有一块天然狮形海蚀石，又称“石砺塔”“狮子塔”。后来，此山被开山取石，石场遗存一块巨石如初绽的莲花，传说是南海观音乘坐的莲花镇住兴风作浪的孽龙，后化作巨石永镇山中，莲花石故而得名，石砺山也被称为**“莲花山”**。而塔因坐落广州市番禺区莲花山主峰，随之被称为“莲花塔”。

莲花塔是一座平面等边八角形的**楼阁式砖木塔**，取“天、地、阴、阳、风、雷、水、火”八卦之意。塔高50米，外观9层，内分11层，层层铺设木楼板，粉墙红柱，绿琉璃瓦，八角攒尖顶。每层平座和塔檐以菱角牙砖与挑檐砖层层叠涩挑出形成，檐角下悬挂风铃。该塔雄踞珠江入海口西岸，自古以来，中外船舶以此作为进出**广州的航标**，明屈大均在《广东新语·地语》中赞道：“牂牁大洋之捍门，南越封疆之华表，一郡风水之所系。”

中外船舶进出广州的航标

琶洲塔、莲花塔与赤岗塔先后建于明万历年间（一五七三—一六二〇）。从珠江口进入广州的航船，依次可看到莲花塔、琶洲塔、赤岗塔，外来船舶以此为航标，故有『广州三桅』之称。

琶洲塔位于广州市海珠区琶洲村旁，建成于明万历二十八年（1600），原名“海鳌塔”。传说琶洲一带水中常有金鳌浮现，光如日出，建塔祈之，故名。琶洲原称“琵琶洲”，是珠江中洲渚，有两山相连，远观形如琵琶而得名。明清时，海舶常聚于此。古诗云：“仿佛琵琶海上洲，年年常与水沉浮。客船昨夜西风起，应有江头商妇愁。”当年，在琶洲未与珠江南岸相连时，琶洲塔俨如中流砥柱，屹立在琵洲的山岗上，充当着导航标的作用，被称为**“琶洲砥柱”**。

赤岗位于广州市海珠区东部，多为红色砂岩，故名。赤岗海拔 20 至 30 米，四周原处珠江河水中，后被淤填为农田和鱼塘，明清时，已形成村落。**赤岗塔**坐落于海珠区广州大桥东南面的新市头，因该处地名赤岗而得名。赤岗塔兴建于明万历四十七年（1619），与佛教舍利塔造型相似。

琶洲塔和赤岗塔建筑风格大同小异，都是穿心壁绕平座结构的楼阁式砖木塔，皆呈等边八角形，外观 9 层，内分 17 层，高 50 余米。台基用**红砂岩石**砌筑，台基角均有西方人形象的托塔力士石像，反映了当时中外交往的实况。塔身抹白灰，塔角倚柱抹朱红色。额枋上以挑出六叠菱形砖牙叠涩出檐，腰檐顶出四叠菱形砖牙叠涩出平台。塔顶为**八角攒尖顶**。从外观看，琶洲塔额枋抹朱红色和黑色，顶层各檐有铁铸雁形角梁，赤岗塔额枋抹朱红色，两座塔的各级平座护栏也各有特色。

莲花塔、琶洲塔、赤岗塔都是作为**风水塔**而建，为补充广州东水口灵气不足之用。在古代，以塔关锁水口的做法并不少见。当年，广州城珠江上有海印石、海珠石、浮丘石，起着“关锁”水口的作用，被称为**“三关”**。琶洲塔和赤岗塔均在珠江的东面，“三石”在珠江的西面。现在，“三石”早已湮没。而莲花塔、琶洲塔、赤岗塔至今仍雄踞珠江沿岸。

1989 年，莲花塔、琶洲塔被列为**第三批广东省文物保护单位**。2012 年，琶洲塔被后备列入**海上丝绸之路（中国段）遗产申报点**。

贰
千载历史珍贵 海上丝路

粤海关旧址

清代最早设立的沿海四关之一

欧洲新古典主义建筑典范

粤海关设立于清康熙二十四年（一六八五），是清代最早设立的闽、粤、浙、江沿海四关之一，其管辖范围包括广东、海南和广西部分地区。乾隆二十二年（一七五七），清廷下旨洋船只许在广州收泊，广州成为唯一对西洋商船通商口岸，史称『一口通商』。自此至第一次鸦片战争前夕，粤海关的关税收入最高达到一百万银两，广州被誉为『天子南库』。

清咸丰八年（1858），英法联军攻占广州，混乱局势导致粤海关税收锐减。咸丰九年（1859），两广总督劳崇光仿效江海关聘用洋人帮办税务。咸丰十年（1860），以西方人为管理主体的**粤海关税务司公署**（即“粤海新关”）成立，下辖黄埔口，负责对外轮征税管理。原粤海关辖下的其余机构称为**“粤海常关”**，负责对国内民船的征税管理。此后常关关口陆续被撤销，或被并入新关，至1931年，全省关口均实行税务司制管理，仍称“粤海关”。

粤海新关成立之初，办公地点设在广州西堤联兴路附近，是一幢2层小洋楼。1913年，小洋楼因白蚁蛀蚀而被拆除。1914年3月28日，由英国人戴卫德·迪克（David C Dick）设计、华昌工程公司承建施工的新粤海关税务司公署在原址奠基重建，1916年6月18日竣工。这幢充满欧陆风情的欧洲新古典主义建筑典范建筑物成为广州当时的新地标。**粤海关大楼**楼高31.85米，地下层至钟楼共五层，建筑面积3292.72平方米。整体为砖、石、钢筋混凝土混合结构，耗资达21万多两白银。大楼正面外墙以俗称为“麻石”的大块花岗岩为基础，正

粤海关旧址

（南）面以 14 条粗大的麻石圆柱与条石镶砌，宽敞的 20 余级台阶通往二层的大门；正中拱券上镌刻着“粤海關”三个竖排繁体楷书大字，两侧横梁上，左右分别刻有仿古韵味的“CVSTOM HOVSE”字样；楼内有色泽艳丽的马赛克地板、气势磅礴的壁炉、迎合岭南气候的腰门、“冬瓜青”釉面砖墙裙、白灰抹缝的清水红砖等建筑元素。最特别的是，顶层穹隆顶的钟楼上，四面镶嵌着直径 2.5 米的**向外圆钟盘**，每隔 15 分钟鸣奏的威斯敏斯特钟乐响彻全城。大钟不仅给过往商船提示税收变化的时刻，还给周边民众提供了生活报时便利。因此，民间以**“大钟楼”**称呼这幢建筑物。1925 年 4 月，大钟楼的建筑照片曾送“美国建筑技术赛会”陈列展出。1950 年，粤海关改称“广州海关”，“大钟楼”也顺理成章变为广州海关的办公大楼。

2006 年，粤海关旧址被列为**第六批全国重点文物保护单位**。同年 9 月，广州海关办公地点正式迁出已经使用了 91 年的粤海关大楼。2007 年 12 月，中国海关博物馆广州分馆在此建成开馆。

广州十三行

洋船争出是官商
十字门开向二洋

清康熙二十三年（1684）开海禁，次年设粤海关于广州，康熙二十五年（1686），广东巡抚李士桢发布**《分别住行货税》**文告，将国内商业和对外贸易分别开来，为清代十三行制度之始。粤海关负责征收关税并管理行商，十三行经营对外贸易并管理约束外商，澳门为来粤贸易的西方各国商人的共同居留地，黄埔为西方各国商船停泊的港口。清乾隆二十二年（1757），对西洋"一口通商"使广州十三行成为中国**官方唯一特许经营海外贸易的机构**，开创了中西贸易新时代。

全国各地的出口商品都云集广州十三行发售到世界各地；世界各地的进口商品也从广州十三行发售到全国各地。广州成为举世闻名的**国际贸易大港**，在中外贸易和文化交流中发挥着举足轻重的作用。瓷器、丝绸、茶叶、艺术品等通过广州销往欧洲，在西方国家产生重大影响；西方文明也传入中国，在医学、教育、宗教、城市建设、艺术等领域产生巨大影响。十三行不仅使广州成为**"金山珠海，天子南库"**的繁荣都市，影响广州城市风格特色的塑造，而且也巩固了广州作为清朝海外贸易中心的地位。

广州十三行行商涌现了诸如潘振承、潘有度、潘仕成、潘正炜、伍秉鉴、伍崇曜、卢观恒等诸多在经济、贸易、文化交流等领域发挥重要作用的**代表人物**。

广州十三行的辉煌昌盛是建立在清廷对西洋“一口通商”、垄断经营的基础上。因此，以英国为首的西方资本主义国家进行了一系列的努力，力图冲破十三行贸易体制的约束。为了扭转贸易逆差和白银大量流入中国，以英国为首的西方资本主义国家开始罪恶的**鸦片走私贸易**，不仅破坏了正常贸易，也严重恶化了中外关系，最终导致鸦片战争的爆发。

清道光二十二年（1842），在鸦片战争中战败的清政府，被迫与英国政府签订了不平等的**《南京条约》**，取消广州十三行垄断外贸的特权，广州国际贸易中心地位逐渐被香港、上海等地所取代。鸦片战争后，十三行垄断中西贸易的制度被废除，十三行商馆也在第二次鸦片战争中被完全焚毁，从此退出了历史舞台。

五丝八丝广缎好　银钱堆满十三行

广州是中国具有悠久对外贸易与交往传统的港口城市，十三行正是这一传统的继承和发展。十三行的名称，首见于明屈大均《广州竹枝词》：『洋船争出是官商，十字门开向二洋。五丝八丝广缎好，银钱堆满十三行。』

林则徐销烟池与虎门炮台旧址

三元里平英团遗址

黄花岗七十二烈士墓

黄埔军校旧址

广州起义烈士陵园

复兴曙光

中英鸦片战争的导火线

林则徐销烟池位于广东省东莞市虎门镇。清道光十九年（一八三九）著名爱国人士、晚清名臣林则徐在此地禁烟销烟，揭开了中国近代史的序幕。

林则徐销烟池与虎门炮台旧址

中国近代史的开端

清末，以英国为代表的殖民主义者向中国大量**走私鸦片**，造成了中国国库严重空损，民不聊生，民族危机日益加深。道光十八年（1838），皇帝任命林则徐为钦差大臣、两广总督，前往**广东**查禁鸦片。

林则徐在给外国烟商的通告中说："若鸦片一日未绝，本大臣一日不回。"由于林则徐的坚定态度和有力措施，再加上百姓支持，外国烟商被迫交出鸦片2万多箱，共重2,376,254斤。林则徐下令在**虎门海滩**开挖两口大池，偕同两广总督邓廷桢、广东巡抚怡良和水师提督关天培等亲自监督，于清道光十九年四月二十二至五月十五（1839年6月3日—25日），用盐卤和石灰浸化之法，将所缴获的全部鸦片当众公开销毁，这就是举世闻名的 **"虎门销烟"**。

虎门销烟是我国近代史的开端，为**中英鸦片战争**的导火线，亦是中国近代史上反帝国主义的光辉一页，充分展现了中国人民不畏强暴、反抗外侮的英雄气概。

林则徐销烟池附近建有虎门林则徐纪念馆、鸦片战争博物馆、虎门销化鸦片纪念碑和海战博物馆。

虎门炮台旧址是当年分布在广东省虎门海口一带炮台的总称。清康熙五十六年（1717）至道光十九年（1839），清政府在虎门海口先后构筑炮台 11 座，构成珠江海口三重军事防御体系，扼守珠江咽喉。第一重防线由沙角炮台、大角炮台组成。第二重防线由南山威远炮台、靖远炮台、镇远炮台、横档炮台、永安炮台、巩固炮台组成。第三重防线由大虎炮台组成。防御支线有东翼的新涌炮台、西翼的蕉门炮台。

清道光二十年十二月二十五日（1841年1月7日），英军兵分两路分别进攻虎门炮台第一重防线，沙角炮台守将**陈连升**受伤阵亡，炮台失守。道光二十一年二月初六（1841年2月26日），英军进攻虎门炮台第二重防线，广东水师提督**关天培**坐镇靖远炮台对英作战，最后壮烈殉国。

1982 年，林则徐销烟池与虎门炮台旧址被列为**第二批全国重点文物保护单位**。虎门炮台、鸦片战争博物馆、林则徐纪念馆先后被列为全国青少年教育基地、全国爱国主义教育示范基地、国家禁毒教育示范基地、国家国防教育示范基地、全国中小学毒品预防教育社会实践基地、全国人文社会科学普及基地、全国廉政文化教育基地。

三元里平英团遗址

三元里前声若雷 千众万众同时来
因义生愤愤生勇 乡民合力强徒摧

清道光二十一年四月（1841 年 5 月），英军占领广州城北各炮台，并以四方炮台为司令部，四出骚扰。5 月 29 日上午，一股英军闯到**三元里**抢劫并调戏妇女，村民群起反抗，英军狼狈逃窜。事后，三元里民众在三元古庙前誓师，并以庙内的三星神旗为指挥旗。三元里附近 103 乡民众及部分丝织工人、打石工人、水勇等七八千人在**牛栏岗**设伏，诱出英军至伏击点，旋即鸣锣出击。时逢大雨，英军的火枪失去作用，四散而逃。这次斗争毙伤敌人 200 余人，少校毕霞亦被击毙。5 月 31 日，四乡民众又团团包围四方炮台。6 月 1 日，英军在广州知府余保莼庇护下仓皇撤离广州。

三元里抗英事件是中国近代史上第一次民众大规模自发保卫家园抵抗外来侵略的战斗。后当地人编有赞颂三元里抗英、讽刺清廷赔款求和的民谣：“一声炮响，二律埋城，三元里顶住，四方炮台打烂，伍紫垣顶上，六百万讲和，七钱二兑足，八千斤大炮未烧，久久打下，十足输晒。”著名诗人**张维屏**有《三元里》诗，有句云：“三元里前声若雷，千众万众同时来。因义生愤愤生勇，乡民合力强徒摧。”

三元古庙于第二次鸦片战争时被英法侵略军焚毁。现址是清咸丰十年（1860）由三元里村民众集资重建的，后人称为**平英团旧址**。建筑面阔三间，宽 11.38 米，深 20.88 米，前后为两进，中隔一天井，砖木结构，硬山顶，青砖石脚，正脊饰琉璃鳌鱼宝珠，四壁上绘有“伏生传经”等图案。

1961 年，三元里平英团遗址被列为**第一批全国重点文物保护单位**。1997 年，三元里人民抗英斗争纪念馆被列为全国爱国主义教育示范基地。

中国近代第一次民众大规模自发抵抗外来侵略的战斗

三元里平英团遗址位于广州市广园中路的三元古庙。该庙建于清康熙年间（一六六二—一七二二），原是一座道教神庙，也是一八四一年三元里人民抗英誓师的地方。三元里人民的抗英斗争为中国近代史开端写下了光辉篇章。

辛亥广州起义的烈士墓园

黄花岗七十二烈士墓位于广州市先烈路，是孙中山领导的辛亥广州起义的烈士墓园。

黄花岗七十二烈士墓

英魂永驻 浩气长存

清宣统三年（1911），为了推翻清王朝，孙中山领导的中国同盟会在全国各地及华侨中挑选160多名骨干组成先锋队，于农历三月廿九（4月27日），由**黄兴**率领在广州举行起义。起义军一举攻下了两广总督署，但终因寡不敌众而遭失败，烈士遗骸弃置在咨议局门前。革命党人**潘达微**将72具遗骸收殓，埋葬于广州东郊红花岗。因潘达微喜欢菊花，认为黄菊高洁清雅，有傲霜节操，遂将红花岗改称黄花岗，这次起义史称“辛亥广州起义”。中华民国成立后，1912年广东军政府拨款修建墓园。其后又向海内外募捐继续增建，至1935年基本建成。

墓园占地面积为13万平方米，规模宏大，气势雄伟，主要建筑集中在南北中轴线上。墓门**仿凯旋门式牌坊**，上嵌孙中山题写的“浩气长存”四个大字。门后有莲池、石拱桥，拾级而上，直达岗顶陵墓。墓冢以花岗石砌成梯形，中央建碑亭，顶形状如悬钟，寓意争取自由的警钟。亭内立碑，碑文“七十二烈士之墓”。墓冢后有**纪功坊**，12字篆文由著名革命党人章炳麟书写，坊上由海外赤子敬献的七十二块青石筑为庄严崇台，顶端矗立着一尊高擎火炬的石雕自由女神像，表达了要为建立自由平等国家而奋斗的革命思想。纪功坊后，有邹鲁所撰详细起义经过的“广州辛亥三月二十九日革命记”丰碑。墓寝右侧**松树**为孙中山亲手种植，是黄花岗墓园繁多树木中最有历史意义的封植。墓园内另有多处民主革命遗迹，是民主革命历程的珍贵记录。

1961年，黄花岗七十二烈士墓被列为**第一批全国重点文物保护单位**。黄花岗七十二烈士墓园先后被列为全国青少年教育基地、全国爱国主义教育示范基地、国家级烈士纪念设施。

名将辈出　战功赫赫　彪炳青史

黄埔军校是孙中山在中国共产党和苏联帮助下，为培养军事干部而建的新型学校，于一九二四年创办，取名『陆军军官学校』。因校址初设于广州黄埔，通称为黄埔军校。

黄埔军校旧址

升官发财请往他处
贪生畏死勿入斯门

最早校名是由**孙中山**手定的，先见于孙中山 1924 年 1 月 24 日命名成立的“陆军军官学校筹备委员会”。同年 3 月，又在《广州民国日报》刊登《陆军军官学校筹备处布告》。第一期的毕业证书有两个版本，其中黄埔军校旧址纪念馆保存的潘学吟第一期毕业证书上，印有孙中山头像和国民党的“青天白日”旗，既有“陆军军官学校”校名，也有“陆军军官学校”总理孙文、校长蒋中正和党代表廖仲恺的署名。后因形势发展变化，校名多次变更。

1930 年 9 月，在黄埔军校第 7 期学员即将毕业之际，蒋介石电令广州 **“第 7 期毕业后黄埔校停办”**。从此，始创于广州的黄埔军校就正式结束，而让位于南京本校续办。此外，广州、南昌、武汉等地陆续设有分校军事训练班。1938 年 11 月，本校迁至四川成都。因抗战需要，黄埔军校在全国各地陆续开办了 9 所分校。1950 年 10 月，在**台湾高雄**的凤山重新恢复陆军军官学校。

黄埔军校自 1924 年 6 月在广州成立到 1949 年年底，在祖国大陆共创办了 **23 期**，其中广州的黄埔军校第 1 至 7 期毕业生共计 1 万余人。在反帝、反封建、争取国家统一与民族独立的斗争中，黄埔军校名将辈出、战功赫赫、

彪炳青史。孙中山、蒋介石、廖仲恺、周恩来、叶剑英、聂荣臻等国共两党著名人士曾在此工作，培养了大批**军事政治干部**，在中国近代史和军事史书写了重要篇章。

黄埔军校设在原陆军小学和海军学校校舍，位于今广州市黄埔区**长洲岛**。长洲岛处在珠江中央，四面环水，环境幽静。岛内筑有多处炮台，能把守控制江面，易守难攻，便于学习与练武。黄埔军校面临**珠江**，有欧陆式大门，上悬挂谭廷闿所书的“陆军军官学校”横匾，门口有对联：“升官发财请往他处，贪生畏死勿入斯门”，横批：“革命者来”。

校本部坐南向北，为**岭南祠堂式建筑**，两层砖木结构，三路四进，即三条主要通道、四排房舍，四排房子之间以走廊连通，四周有围墙。黄埔军校于1938年遭日本战机炸毁，1963年12月周恩来视察军校旧址时指示要把旧址保护好，1984年6月**黄埔军校旧址纪念馆**成立，1996年重建，现占地面积10600平方米。校本部复原了校长室、政治部和孙中山视察军校时休息的地方，以及教授、教练、管理、军需、军医各部的办公室和课室、师生的饭堂、寝室等。目前尚存的黄埔军校旧址还有孙总理纪念室（中山故居）、孙总理纪念碑、俱乐部、游泳池、东征阵亡烈士墓、中正公园、济深公园、北伐纪念碑、大坡地炮台等。

1988年，黄埔军校旧址被列为**第三批全国重点文物保护单位**。黄埔军校旧址纪念馆先后被列为全国爱国主义教育示范基地、国家国防教育示范基地。

为广州起义烈士兴建的纪念性公园

广州起义烈士陵园位于广州市中山三路红花岗，是一九五四年为纪念一九二七年十二月在中国共产党领导下的广州起义中英勇牺牲的烈士兴建的纪念性公园，总面积十八万平方米。

广州起义烈士陵园

烈士英魂 永垂不朽

第一次国内革命战争失败后，为了挽救革命，反击国民党反动派的疯狂镇压和屠杀，根据中共“八七”会议精神，1927年12月11日凌晨，中共广东省委书记张太雷和叶挺、叶剑英、苏兆征、聂荣臻、徐向前等同志领导发动了广州起义，成立了广州苏维埃政府——**“广州公社”**。由于当时国民党反动势力十分强大，敌我力量悬殊，经三天三夜浴血奋战，起义不幸失败，起义中有5700多名共产党人和革命群众惨遭杀害。广州起义，是创建人民政权的一次伟大尝试，与南昌起义、秋收起义连接在一起，成为**中国共产党**独立领导革命战争和创造人民军队的伟大开端。

为了永远缅怀广州起义的丰功伟绩，广东省和广州市人民政府决定在当年烈士牺牲的**红花岗**修建陵园。1954年5月，烈士陵园修建委员会成立，叶剑英同志任主任。1958年5月1日，烈士陵园正式对外开放。

全园按功能的不同，分为陵和园两个区：陵区为纪念瞻仰区，园区为休憩游览区。**陵区**建筑庄严肃穆，绿化以苍松翠柏和红花为基调；**园区**则是典型的岭南园林风格，以清新淡雅的绿化配置和园林造景为特色。

陵区规模宏大，气魄雄伟。正门门楼两边是红琉璃瓦顶的白花岗石座，汉白玉石上有**周恩来**亲笔题词：“广州起义烈士陵园”。陵墓大道宽30米，两旁苍松翠柏犹如肃立的卫士，20个花坛中红花竞先吐艳，象征革命烈士的鲜血洒在大地上。墓道北端是高达45米的广州起义**烈士纪念碑**，冲破三座大山、巨手紧握枪杆的造型，象征“枪杆子里面出政权”，碑身有**邓小平**题词“广州起义烈士永垂不朽”。陵园地势最高点是广州公社烈士墓，墓高10米，直径40多米，花岗石的墓墙和栏杆，墓墙环绕着陵墓，其间柱顶有40只石狮守灵，**朱德**在墓墙正面题词“广州公社烈士之墓”，墓墙东面刻有广州起义经过的碑铭。陵区还有景色清幽的叶剑英元帅墓和古朴端庄的四烈士墓等史迹。陵园正门东侧的 **“红花岗四烈士墓”**，是安葬辛亥革命前后牺牲的同盟会会员温生才、陈敬岳、林冠慈、钟明光四烈士的合葬墓。

园区是典型的**岭南特色园林**景观，湖光潋滟，绿树垂荫，曲径延绵，鸟语花香，绿荫芳草和蓝天碧水间坐落着各具特色的纪念亭：有为纪念举行“刑场上的婚礼”的周文雍、陈铁军烈士而建造的“血祭轩辕亭”，上有董必武题字；有为纪念广州起义中牺牲的苏联和朝鲜烈士而建造的“中苏人民血谊亭”和“中朝人民血谊亭”。

广州起义烈士陵园于1978年被列为第一批广东省文物保护单位，1986年被列为**第一批全国重点烈士纪念建筑物保护单位**，先后被列为全国中小学生爱国主义教育基地、全国爱国主义教育示范基地、全国一百个红色旅游经典景区之一、国家AAAA级旅游景区、国家国防教育示范基地。

秦以前，广东等地有南越、西瓯、骆越、闽越等族群，史称『百越』。秦以后，岭南文化与中原文化交融、嬗变，百越与中原居民杂居，有黎、苗、瑶、壮、回、满、畲、京共八个少数民族世居广东。

改革开放以来，广东成为中华民族成分齐全的省份，五十六个民族共同生活在这十八万平方公里的土地上。有多少民族，就有多少习俗。习俗是民俗记忆的古老图腾，也是现代社会文化的日常传承。

最有意味的是广府、客家、潮汕三个民系的习性。

广府：思想敏锐，眼光独到，精明强干，讲求实效，在日常生活中表现出独特的思想方式和价值观念，勇于冒险开拓，善于兼收并蓄，乐于融合，吸收外来文化，长于消化，接受新鲜事物，并自觉地进行发展创造。

客家：民性质朴，吃苦耐劳，坚韧容忍，民风崇拙尚简，崇文重教，崇文尚武，以耕读为本，以兴学为乐，以知识为荣；性格诚恳弘毅，乐观自强，爱国爱乡爱山歌，重礼义，仗忠信，自觉继承发扬着中原文化的优良传统和可贵精神。

潮汕：尊重传统，力求上进，有自己的文化、自己的方言、自己的艺术、自己的饮食、自己的技艺。潮汕人勇于拼搏，足迹遍布全世界，有潮水的地方就有潮汕人。潮汕人精细，种田讲精耕细作，手艺讲精雕细刻，烹调讲精刀细火，生活讲精打细算。潮汕人团结，重人情，讲义气，认老乡，宗族观念重，凝聚能力强，潮商兴旺五百年而不绝。

三大民系，三样习性，形成三种不同的民俗传统。所以在岭南，在广东，离家三里远，别是一乡风。

民俗是一个永远说不完的话题。

民俗是民族文化的基因，可以激发民族的文化自尊和文化自信。

民俗是和谐社会的基因，可以依托建设、发展、壮大民间民俗文化来推动社会和谐文化建设。

民俗是民族精神的基因，精神直指人心，人心是世俗之基，世俗是国运之本。

自古以来，习俗、民俗、风俗被视为『天下之大事』。所谓『人之寿夭在元气，国之长短在风俗』，所谓『无雅岂明王教化，有风方识国兴衰』。

须知正世道调天下，『必先观国政，料事务，察民俗』，不仅要懂得『立国大本，首在整饬纪纲，齐肃民俗』，还要懂得『风俗之变，迁染民志，关之盛衰，不可不慎』。

只有自觉延续传承古老而深厚的民俗传统，才能构建现代文明的社会；只有实现传统习俗的现代转换，民俗才能焕发出新的价值、新的意义。

这正是我们打造岭南民俗名片的理由。

八方民俗弥新

民俗，就是民间习俗。

还在摇篮里的时候，习俗就已经来到我们身边。

它源于民间，传于民间，藏于民间，在特定的地域、民族、时代生活中生成演变。

一番江水一番鱼，一方水土一方人。

岭南地处低纬，背依五岭，濒临海洋，地形复杂，地貌丰富。热带和亚热带的季风气候，海陆气团交替，天气变化无常。独特的天文地理环境、独特的山川气候孕育着独特的生活方式和文化，独特的生活方式和文化血脉滋养出独特的风俗民情。

岭南十里不同风，百里不同俗。乡风村村异，习俗处处奇。

风者，一国之教也；习者，一方之常也；俗者，一地之尚也。

岭南文化现象表明，一条江河可以代表一个风俗文化体系。

西江代表广府文化，东江代表客家文化，北江代表广府文化与客家文化的混合文化，韩江代表潮汕文化，南江则蕴藏和代表岭南土著的百越文化。

喝什么地方的水，就有什么地方的风俗；喝什么地方的水，也要随什么地方的风俗。

迎春花市
逗利是
飘色
出花园
行通济
生菜会
赛龙舟
耍歌堂

喜乐时节

迎春花市

粤有藩省前
夜有花市
游人如蚁
至彻旦云

广州迎春花市一年举行一次，通常在腊月廿八开始，至正月初一凌晨结束，广州人把“逛花市”叫作**“行花街”**。迎春花市形成于19世纪60年代初，即清同治初年。广州城内最早的花市设在**“藩署”**前，即今北京路省财政厅门前，也叫双门底。清宣统年间（1909—1911），梁鼎芬修纂《番禺县续志》载：“花市在藩署前，岁除尤盛。”广州的迎春花市在布局上有一定的规格，一般分为花牌楼、前段、中段和尾段四个部分，不同的部位出售不同的花种和物品。

一百多年间，“行花街”成了广州人的**过年习俗**。每到除夕，吃完团年饭，全家游花街，逛花街的人纷纷选购各式各样的鲜花，已成为广州春节期间一道独特风景。广州迎春花市广采博收，品种越来越多，形式越来越广泛，充分体现了岭南文化的兼容性特征。迎春花市与广州人的生活密切相关，并融合了广州人**“讲意头”**的传统，在粤语中“花”与“发”同音，表达生意兴隆、日益发达的美好愿望，形成自己独特的花卉语言。花市中的**金桔**是最受欢迎的，因为粤语中“桔”和“吉”同音，买一盆放在家里象征大吉大利；**桃花**则象征大展宏图，同时保留着古老的以桃木驱邪镇怪、迎祥纳吉的信仰习俗；**水仙**则象征高贵清雅、富贵吉祥。

迎春花市于2007年入选**广东省第二批省级非物质文化遗产名录**。

春节期间 一道独特风景

广州地区日照时间长，雨量充沛，四季常青，鲜花盛开，素有『花城』之誉。优越的地理位置和良好的自然环境，为各种花卉的生长提供了优越的条件。广州的迎春花市，是独具岭南特色的民俗景观，如今已成为广州年节不可缺少的组成部分。

据南宋周去非《岭外代答》记载，广州地区盛产素馨花，花开时『旋掇花头，装开他枝。或以竹丝贯之，卖于市，一枝二文，人竞买戴』，这是目前所能见到的关于广州花市的最早记载。民国时期潘贞敏《佩书斋诗钞·花市歌》云：『粤有藩省前，夜有花市，游人如蚁，至彻旦云。』秦牧在二十世纪六十年代所写散文《花城》，引得许多中外人士慕名前来，只为一睹广州花市的芳容。

凡事有利　好运连连

『逗利是』是粤语，即『讨要红包』之意。
『利是』又称『利事』『利市』，
取意凡事有利，好运连连。
《易经》记载『利市』一词，
有本少利多之意，
元代《俗谚考》亦有『为了吉兆，
要向主家讨个利市』的说法。

逗利是

恭喜发财 利是逗来

传统意义上的红包就是农历新年期间的**“压岁钱”**，由长辈派给晚辈，已婚者派给未婚者。在**广府地区**，小孩与未婚青年大年初一到十五可以主动向长辈和已婚人士“逗利是”，索取红包之前要说上几句吉利的话，比如“恭喜发财，利是逗来”。

明清时，压岁钱、利是钱大多数是用红绳串着赐给孩子。民国后演变为用一张正方形的红纸包裹，老一辈广府人也把“利是”称为**“红纸”**。

利是封在唐代已出现，是手工织的布袋，仅限宫廷和官方使用。清末，印刷技术普及，用红纸印上黄色油墨洒上金粉，再配以简单图案做出利是封。20世纪30年代初，七彩印制的利是封出现。60年代，烫金字体利是封出现。如今的利是封，图案、大小、颜色都紧随潮流，形式多样，早已不拘泥于传统。

过年“利是”只求意头与心意，丰俭由人，但一定要是**新钞**才吉利。春节假期过后，上班族第一天上班向老板“逗”开工利是，未婚人士也主动找已婚同事“逗利是”。利是“逗”回家，要一直保存到过了正月十五才能拆，取**“避免散财”**之意，也是对小朋友理财意识的培养——钱不能一到手就全部花光。

融戏剧 杂技
音乐 舞蹈于一体

飘色活动一般在节日举行，同时伴有彩旗、彩车、傩戏、唢呐、锣鼓、歌舞、舞狮、舞龙等艺术形式，组成浩浩荡荡的民间艺术大巡游。

飘色表演的时候，由若干人推着一座色柜，柜面上站（坐）着的人物造型称 **“屏”**，凌空而起的人物造型称 **“飘”**。其神奇之处在于，所有的人物造型均由真人扮演，并在表演全过程中保持一个姿势不变。扮演“飘”的演员靠一根精心伪装的钢枝（即“色梗”）凌空而立，钢枝藏于演员的服装中，露出体外的部分则巧妙地装饰为各种道具，如花篮、刀枪等。从外观看，演员像是飘在空中。扮演“屏”的演员一般在 10 岁以下，扮演“飘”的演员年龄更小。“屏”和“飘”的演员要经过严格挑选，只有长相俊美、体重符合要求的方能入选。民间多有让小孩扮演角色必诸事幸运的心理，故自古以来就有人争相竞角。

飘色以 **“板”** 为单位，一板一个故事，内容多为民间传说或历史、神话故事。有反映爱国惩奸的“精忠报国”，反抗统治压迫的“大闹天宫”，反抗封建礼教、追求婚姻自由的“黛玉葬花”，以及歌颂国泰民安的“梅开二度”等等，大多以抒发百姓的爱国情怀，表达锄奸惩恶、扶弱济贫的意愿为主。近年来，除了传统题材外，也新增了一些反映当代生活的飘色故事。

南朗崖口飘色、台山浮石飘色、吴川飘色、河田高景于 2008 年入选**第二批国家级非物质文化遗产名录**。

浩浩荡荡的民间艺术大巡游

飘色，是一种融戏剧、杂技、音乐、舞蹈于一体的民间传统艺术。飘色活动在广东各地均有举行，其中较有代表性的有吴川飘色、南朗崖口飘色、台山浮石飘色、河田高景、沙湾飘色、黄圃飘色、乾务飘色、信宜镇隆飘色、靖海景屏、连滩飘色、番禺水色等。

潮汕地区民间人生礼俗

『出花园』是潮汕地区民间人生礼俗的重要活动之一，是由少年进入青年、由家庭进入社会的『成年礼』。有史料记載，『生三、虑难育者，辄请禄神到家供奉。俟此子十六岁时（俗多在十五虚岁），请道士以纸为园，设列盆花，令此子坐其中，道士扮花公花妈为之宣诵，既毕，遣出，焚园，谓之「出花园」，乃罢禄神之祀』。

出花园

成年礼

“出花园”一般选在农历正月十五元宵节或七月初七“乞巧节”，如今多在正月根据孩子的**生辰八字**择日举行。当天，孩子先用浸泡十二种鲜花的温水沐浴，寓意用芬芳洗去孩子气；再系上母亲缝的新兜肚，装上十二颗桂圆和两枚顺治铜钱，穿上外婆送的新衣服和红木屐，寓意跨出花园门槛后一帆风顺、一生平安、吉祥如意；早餐要给孩子喝用猪内脏煮的汤，象征从内到外全部焕然一新。

“出花园”的孩子还得在房里举行**“拜床神”**仪式，以祈求“公婆”保佑，仪式需在床上放一只笸箩，盛放甜薯粉丸、乌豆酒、米果和“三牲”等供品；三牲之中，男孩子需放**公鸡**，代表将来朝气蓬勃，雄壮有为；女孩则用**母鸡**，祈望将来生儿育女，传宗接代。

潮州“出花园”宴请亲朋，让孩子坐上大位，象征孩子已长大，成为家中栋梁；宴席的菜式包括葱蒜芹菜煮甜豆腐、豆粉丝煮鸡蛋、蒸乌鱼、煮鲫鱼或鲤鱼等，菜式总数应为**双数**，且每一道菜一般取谐音吉祥之物的独特寓意。

“出花园”这一天，孩子必须整天躲在屋子里，不得到处乱跑，什么家务活都不用干，最后一次被父母宠着。母亲要代表孩子到庙宇祭拜保护神**“花公花婆”**，答谢神明庇佑孩子健康成长的恩功。第二天开始，他（她）就正式告别童年生活而进入新的人生阶段。

潮州“出花园”于2009年入选**广东省第三批省级非物质文化遗产名录**。

正月十六行通济
行过通济无闭翳

古代的通济桥，桥头石级共 9 级，桥尾 13 级，取生意人希望本小利大之意，现在通济桥经重修后，桥两端的抱鼓石上以祥云纹和蝙蝠纹衬托风车，桥身雕刻着八仙过海时所执的神器，桥柱上部用大象头“拱”出一个装有南瓜、仙桃的果篮，寓意市民过桥时祈求消灾、寻求平安的**美好祝愿**。

每逢农历**正月十六**，佛山民众及四乡男女老少，成群结队，携男带女，步行至通济桥，或在社坛焚香烛、烧炮仗，或步入南济观音庙烧香，参神叩拜，男子求签，妇人则扯神前花灯灯带，求赐丁财。凡行通济桥的人，皆要携带行运风车、灯笼或生菜等物，取**转运生财**之意，行通济之时，须一次从桥头（北岸）行至桥尾，不能折回复返，并由桥尾右傍大基而去，经尾窦到澳口返回。

行通济于 2007 年入选**广东省第二批省级非物质文化遗产名录**。

佛山乡民祈福习俗

行通济是指每年正月十六佛山乡民经过『通济桥』，以求来年风调雨顺、心想事成的风俗。

通济桥是佛山最早修建的桥梁之一。

据记载，该桥最先是由附近乡民集资修建的木桥，明天启年间（一六二一—一六二七），户部尚书、乡人李待倡建重修，建成后取名为『通济桥』。

该桥横跨佛山涌，水路可通四乡，陆路可达邻村，为佛山商贸交流的重要通道。商民为求生意顺境，便以行通济桥来讨好意头，后渐成习俗，并有『正月十六行通济，行过通济无闭翳』之说。

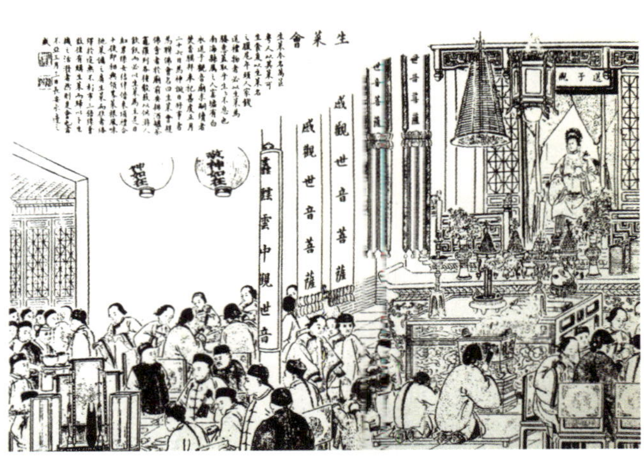

寄托美好的生活愿望

粤语『生菜』与『生财』音近，意在生财、得财，寄托美好生活的愿望。广东民间正月素有『生菜会』之举，以南海官窑、广州坑口、番禺沙坑最为出名，各地基本内容相仿，规模大小略异。

生菜会

游神 抢花炮

相传，官窑生菜会是依**“凤山古庙”**而形成的庙会习俗，其起于明，盛于清，并延续至今。清宣统二年（1910）续修的《南海县志》中称其“游人之多，可与悦城之龙母诞，波罗之南海神诞，鼎足而三”。

旧时，官窑生菜会会期自农历正月廿三至廿七，共**五天**。从农历正月初十开始，凤山古庙前就开始搭建戏棚狮台，并广邀戏班；至正月廿三开演大戏、唱八音、舞狮子、演武技、游神等；正月廿六为“观音开库日”，各地信众齐集凤山古庙借库、还库，拜祭观音后到古庙后面“摸仔岩”摸取螺蚬祈求生儿育女，并到庙后空地的生菜档摊**吃生菜包**，以取其“包生”之意。吃生菜包讲究席地而坐，将生菜洗净剥开，搭配的几种风味小菜也各有寓意，如酸菜炒蚬肉取子孙显达之意，慈姑煮猪肉寄寓生个胖男孩，粉丝虾米则有长命富贵之意。当地人认为生菜会之日吃生菜包，可一年顺景、生龙活虎、人财两旺。

游神和**抢花炮**是官窑生菜会高潮，是日主事者组织村民抬着天后、观音、北帝、财神等神祇行宫出游，队伍扛幡、持牌，以头锣开道，沿途供人膜拜，万人空巷。正月廿七按例大烧神炮，此炮大如竹筒，腰间系铜圈，炮响圈飞，直冲云霄，抢炮者组织精壮队伍，有计划、有指挥，抢夺传接有序，互相呼应，高声吆喝，志在必得。旧习连放六炮，分别称头炮、二炮、三炮、闰三炮、四炮、五炮，其中以闰三炮为贵，又名**“丁财炮”**。

官窑生菜会于2009年入选**广东省第三批省级非物质文化遗产名录**。

源自祭祀屈原的活动

赛龙舟，在广府地区叫『扒龙舟』。龙舟竞渡活动全国皆有，但广州、深圳、佛山、东莞等珠江三角洲水乡尤为盛行，明屈大均《广东新语》载：『广中龙船，惟东莞最盛。自五月朔至晦（从初一到三十），乡乡有之。』相传，东莞的龙舟月源自祭祀屈原的活动，就是每年农历四月初八至五月底连续月余时间，东莞人划龙舟、洗龙舟水、趁龙舟景、吃龙舟饼、食龙舟饭、唱龙舟歌。

赛龙舟

飞舟海客度
急鼓醉人挝

自每年农历四月初起，各村社的庙宇、宗祠即开始筹备、组织本地龙舟竞渡的一切事宜。四月初八浴佛节，各村社祭祀龙船头，举行“起龙”“采青”仪式。**“起龙”**则是把深藏涌底或池塘的龙船挖起、洗净、风干后，将船头船尾披红挂彩，擂鼓放鞭炮，请念咒语，洒上净水。**“采青”**则是将祷告过的禾苗一盆放在船头，一盆放在船尾，寓意社区五谷丰登、生机盎然，扒龙船就会更威、更生猛。

竞渡有设标和趁景之分。旧俗各地以金猪（烧猪）、烧酒、锦旗**设标**，奖励龙舟竞渡的前三名，各村落在四月初八之前就应根据当年丰歉决定是否设标，设标者应提前到世代交好的村庄告示日期；**趁景**为村庄不言明设标，单按旧例所定的日子，各世交、友好、婚盟村庄的龙舟齐来相聚，家家户户迎宾客。夺标的镇村必定大肆庆祝，多邀请省港名班唱大戏（粤剧），甚至记入家族族谱以作纪念。

赛龙舟于2011年入选**第三批国家级非物质文化遗产名录**。

排瑶文化交流和传承历史的重要载体

『耍歌堂』是连南排瑶纪念祖先、追忆历史、喜庆丰收、酬神还愿、传播知识和群众娱乐活动于一体的民间盛会，据清代姚柬《连山绥猺厅志》记载，在距今六百多年的明洪武年间（一三六八—一三九八）已有完整的耍歌堂。

耍歌堂

载歌载舞 民间盛会

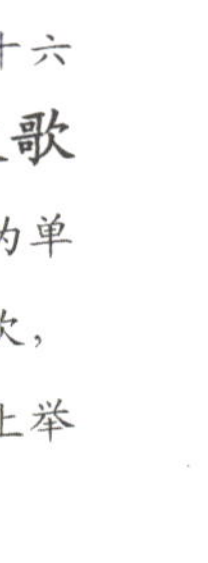

排瑶没有本民族的文字，耍歌堂便成了文化交流和传承历史的重要载体。耍歌堂在农历十月十六“盘古王婆”生日举行，分大歌堂和小歌堂。**大歌堂**历时3天，每3年或5年举行一次，以各排为单位；**小歌堂**历时1天，每2年或3年举行一次，以姓氏为单位。活动固定在较为平坦的斗山坡上举行，叫“歌堂坪”。

“耍歌堂”**仪式**繁多，包括“游神”大典、“讴歌跳舞”、“过州过府”、追打“三怪”、“送神”仪式，中间穿插着师爷舞、出歌堂、过州舞、长鼓舞、瑶歌演唱、对唱、法真表演和“追打黑面人”等表演活动。之后，喝米酒、吃糍粑、唱瑶歌、会亲交友挂红布，共度佳节。未婚男女借此机会相互倾吐衷肠、选择佳偶。其中过州舞寄寓排瑶怀念祖先历经“九州十府”迁徙到瑶山的艰苦历程。

耍歌堂中瑶胞佩戴的精美头饰、配饰，绚丽的服饰，独特的师爷舞、长鼓舞，以及所用的牛角、铜锣、唢呐、芒笛、五月箫、长笛等民族**民间乐器**，都有很深的民族艺术内涵和很高的艺术价值。

瑶族耍歌堂于2006年入选**第一批国家级非物质文化遗产名录**。

粤菜

潮菜

客家菜

饮早茶

工夫茶

凉茶

广式饼饵

岭南水果

和味岭南

中国八大菜系之一

广东传统菜式，乃中国八大菜系之一。广义上的粤菜，包括广州菜、潮州菜、客家菜和海南菜四个支系，而以广州菜为代表。狭义上的粤菜，一是指以旧日『南番顺』一带菜系为代表的广府菜，又称『广州菜』，亦细分为顺德菜、南海菜、中山菜、东莞菜等，二是指广府民系（以使用粤语为标志）的菜系，其中包含湛江菜、台山菜、阳江菜等。

粤菜

食在广东 厨出凤城

粤菜系的形成和发展与广东的地理环境、经济条件和风俗习惯密切相关。广东地处亚热带，濒临南海，雨量充沛，四季常青，物产富饶。因而广东的饮食，一向得天独厚。

粤菜起源很早，战国时成书的《山海经》有南方人吃蛇的记载，西汉刘安编著的《淮南子》也说“越人得蚺蛇以为上肴”，可见广东人**以蛇入食**已有两千年以上的历史。南越国第二代王赵眜墓中有烧乳猪用的炉、叉和乳猪残骨。宋周去非的《岭外代答》有粤人“不问鸟兽虫蛇，无不食之”的夸张描写。可见广东人自汉唐以来已善烹饪。宋朝廷端宗赵昰南迁后，御厨南来，南北烹饪技艺交汇融合。近代**西菜**的传入，对粤菜的发展又起了推动和促进作用。粤菜广采“京都风味”“姑苏风味”和“扬州炒卖”之长，贯通中西。据许衡在《粤菜存真》记载，粤菜的烹饪“集技术于南北，贯通于中西，共冶一炉”。

顺德是粤菜的发源地，有“食在广州，厨出凤城”一说。据《顺德县志》记载，早在清代，就有“凤城食谱”传授顺德厨艺，其菜式烹饪成为粤菜的重要组成部分。明清之后，大批顺德妈姐拥入广州，带来顺德厨艺，粤式饮食真正成熟和发展起来。顺德名厨突出就地取材，力求用料大众化，擅长河鲜的烹制技艺。2004 年，广东顺德与河南长垣、陕西蓝田一起获评为**“中国厨师之乡”**。

粤菜用料广博，选料精细。清人竹枝词有载“响螺脆不及蚝鲜，最好嘉鱼二月天。冬至鱼生夏至狗，一年佳味儿登筵。”把广东丰富多样的烹饪资源淋漓尽致地描绘出来。其烹调技艺考究，讲究**火候**，常用方法有熬、煲、蒸、炖、扣、炒、泡、扒、炸、煎、浸、滚、烩、烧、卤等 21 种之多。**调味作料**众多，有“五滋”（香、松、脆、肥、浓）和“六味”（酸、甜、苦、辣、咸、鲜）。食味重清、鲜、爽、滑、嫩、脆，一般夏秋求清淡，冬春求浓醇。传统名肴有烧乳猪、白切鸡、咕噜肉、蚝油牛肉、冬瓜盅、盐焗鸡、烩三蛇等。其中**烤乳猪**是广州最著名的特色菜。

清末民初以来，粤菜驰名海内外，素有**“食在广州”**之美誉。广州的南园、北园、广州、泮溪、陶陶居等酒家，均以经营粤菜闻名。

粤菜烹饪技艺于 2015 年入选**广东省第六批省级非物质文化遗产名录**。

潮菜

章举马甲柱　斗以怪自呈
其余数十种　莫不可叹惊

潮州地处亚热带，南临大海，海产丰富。潮汕地区饮食习惯与闽南相近，同时又受到广州地区的影响，逐渐融汇两家之长，菜式**自成一格**。

潮菜以**昂贵**著称，其选料考究、刀工精细，且烹调方式多样，着意追求色香味俱全，还有意在造型上力求赏心悦目，有中国高端菜系之称。潮菜属下主要有海鲜菜式、卤味、饭类、粥类、小食、杂咸、丸类、潮式火锅、凉果、其他主菜、淡汤等，其菜式琳琅满目，美不胜收。

潮菜在用料、配料、刀法、烹调上都具有特色。

用料以**水产品**居多，多取鱼、虾、蚌、蛤入料，力求生猛清鲜、原汁原味。善烹素菜，采用**“素菜荤做”**的方法，用肉类的汁烹制而成，上席时见“菜”不见肉。潮菜也很善于对蔬菜果品粗料细做，清淡鲜美，营养丰富，如护国菜、马蹄泥、厚菇芥菜、糖烧地瓜等，是广东菜系中素菜类的代表。

潮菜重视**配酱调味**。不同菜色配以不同酱碟，一菜一碟，咸甜酸辣，各有讲究，酱碟繁多，蔚为大观。其中的南姜、梅膏、鱼露、红豉油、三渗酱等，更是潮州特产。

潮菜**注重刀工**，造型美观，用各种菜肴、水果等精工雕刻成各式各样的花鸟虫鱼，作为点缀或菜垫。

潮菜擅长焖、炖、烧、焗、炸、蒸、炒、泡、扣、清、淋等 10 多种方法，使菜肴既爽脆香滑、甜淡可口，又浓香馥郁。著名菜式有**烧雁鹅、豆酱鸡、乳鸽松**等。

潮菜注重滋补养生，**食疗药膳**品种繁多，主要有美容养生长寿药膳、四季药膳、常见病食疗药膳、常见药用蔬菜、水果、动物等。

潮州菜烹饪技艺于 2009 年入选**广东省第三批省级非物质文化遗产名录**。

融汇闽粤之长 菜式自成一格

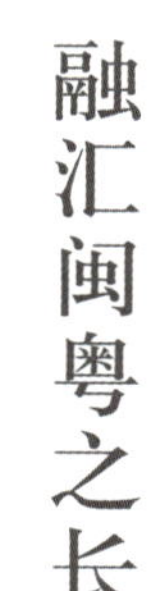

又称『潮州菜』，别名『打冷』，广东潮州地区传统菜式，流行于广东潮州、汕头地区，是粤菜的一个支系。

潮菜的历史可追溯到汉代。

唐代韩愈曾对潮菜之美味赞道：『章举马甲柱，斗以怪自呈。其余数十种，莫不可叹惊。』

时至今日，潮菜已发展成独具岭南文化特色、驰名海内外的中国名菜之一。

浓郁的山地气息

客家地区传统菜式，是粤菜的一个支系。因东江流贯粤东客家地区，又称『东江菜』，以梅州、惠州菜为代表。

无鸡不清 无肉不鲜
无鸭不香 无肘不浓

客家人是中原南下的移民，由于历史原因，迁至岭南粤北山区后，成片居住，“反客为主”，较完整地保留了中原的语言与饮食习惯。由于客家人居住地区大都是远离海洋的内陆，与中原地区的自然环境比较相似，故客家菜肴保留中原菜肴风味，特点是下油重，偏咸，酱料简单，但主料突出。喜用三鸟（鸡、鸭、鹅）、畜肉，很少配菜蔬，也少用河鲜海产。有“无鸡不清，无肉不鲜，无鸭不香，无肘不浓”之说。传统招牌菜有**盐焗鸡**、**酿豆腐**和**梅菜扣肉**等。

客家菜注重火功，以炖、烤、煲、酿见长，尤以**砂锅菜**闻名。烹饪注重手工，做法独特，历史源远流长。如**东江肉丸**的历史可以追溯到两千多年以前，《礼记》所记的八珍中的“捣珍”，《齐民要术》中的“跳丸炙”，即指此菜。**养生保健**意识鲜明，用料务求鲜嫩，讲究野生、家养、粗种。加工讲究煮、煲、炖、粗刀大块，力求不破坏食物营养与纤维。烹调讲究原汁原味，不用过浓作料，清淡可口，利于消化。膳食讲究搭配，注重效用，多用药材调理阴阳，清降补泻，并根据时令增减食物品种。

“逢山必有客，无客不住山。”客家人早期多聚居于山高水冷地区，地湿雾重，食物忌寒凉，故多有煎炒，少吃生冷，这便形成**“烧、香、熟”**的特点；由于生产条件艰苦，劳动时间长、强度大，需要补充较多盐分和脂肪，又形成**“咸、肥”**的特点。早期生产条件的艰苦以及劳动时间长的客观存在，使客家人做菜有着咸、肥、烧、香、熟、陈等特点，食材和烹饪方法都有着浓郁的山地气息。

清晨一壶茶　不用找医家

饮食习俗。流行于珠江三角洲一带及港、澳等地，以广州为盛，广西东南地区也流行。俗称『叹早茶』。『叹』为广州俗语，享受之意。粤人喜早起至茶楼饮茶，故称『饮早茶』。

饮茶粤海未能忘

清初，广州的茶楼多为低矮建筑，设备简陋，收费仅2厘，故称**“二厘馆”**。清光绪年间(1875—1908)，第一间体面的茶楼三元楼在当时的商业中心十三行兴建，建筑豪华，陈设富丽，称**“高楼馆”**。稍后一点有陶陶居、陆羽居、天然居、怡香居、福如楼等。因多有一个“居”字，广州人又把茶楼称作**“茶居”**。更后还有南园、北园、西苑、泮溪、大同、惠如、广州等茶楼，更是富丽堂皇，风格各异。

早茶源于清同治、光绪年间（1862—1908）。由于珠三角地区气候水土皆热，广府人历来有品茶习惯，如今成为一种通常的**社交方式**，早上见面，往往以“饮咗茶未”(意即“你喝茶了吗”)作为问候。民间还流传着“清晨一壶茶，不用找医家”的谚语。广州人所说的饮早茶，不仅喝茶，还以点心为早餐，顺便聊聊新闻、叙说友情、洽谈生意。

早茶的茶水以**红茶**为主，取其暖胃去腻，利于消化。不同年龄的茶客，根据个人喜好还会点上花茶、普洱、菊普、铁观音、乌龙、香片等茶叶，水要煮沸够热。广受喜爱的**点心**有虾饺、拉肠、烧卖、粉果、萝卜糕、叉烧包、凤爪、牛肉丸、糯米鸡、蛋挞、煎饺、马拉糕、煎堆、春卷、咸水角、芋角、裹蒸粽、蒸排骨、蒸猪肚、牛百叶及各种粥、粉、面等等。

每天清早，茶客走进茶楼，丰则美点香糕，廉则一盅（茶）两件（点心）。洽谈生意、文人雅集、亲友聚会、迎来送往、谈婚论嫁，均在茶楼进行。毛泽东的诗句**“饮茶粤海未能忘”，**使得广式饮茶名声大噪。近年来，广东茶楼更加兴旺，各式高档茶楼遍及整个珠江三角洲，并向各地辐射，广式“饮早茶”的习俗逐渐流传至全国各地。饮早茶进而发展为饮下午茶、饮夜茶等。

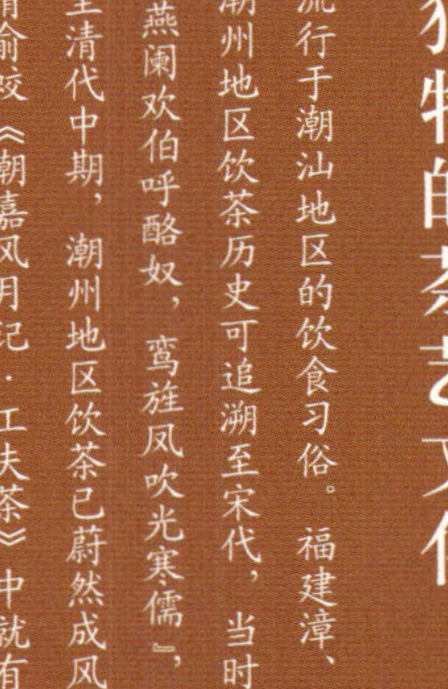

独特的茶艺文化

流行于潮汕地区的饮食习俗。福建漳、泉地区亦有流行。

潮州地区饮茶历史可追溯至宋代，当时『潮州八贤』之一的张夔有诗曰『燕阑欢伯呼酪奴，鸾旌凤吹光寒儒』，其中『酪奴』即是茶的别称。

至清代中期，潮州地区饮茶已蔚然成风，清俞蛟《潮嘉风月记·工夫茶》中就有了『工夫茶』的最早记载，当时工夫茶冲泡方法业已形成规范。

燕阑欢伯呼酪奴
鸾旌凤吹光寒儒

关于工夫茶的得名，谓**乡人食茶**，以武夷小种为主，栋焙次之，工夫、中芽又次之，安溪为下。另一说认为，因茶具精巧、功夫独到而得名。

对于茶具、水质、茶叶、冲法、饮用礼节都十分讲究。

工夫茶之所以和其他喝茶方法有别也在于**茶具**。潮州工夫茶所用的茶具最少需要 10 种，分别有茶壶、茶杯、茶洗、茶盘、茶垫、水瓶、水钵、龙缸、火炉、沙铫、羽扇、钢筷等。

冲泡之水以**山水**为上、江水为中、井水为下，又有“山顶泉轻清，山下泉重浊，石中泉清甘，沙中泉清冽，土中泉浑厚；流动者良，负阴者胜，山削泉寡，山秀泉神，其水无味”的说法。煮茶之火，当为**“活火”**，所选之炭以绞只炭和橄榄核炭为佳。

潮州工夫茶之冲泡用茶，多采用的是**乌龙茶**

叶，如铁观音、水仙和凤凰茶，其中尤以潮州单丛最受青睐。乌龙茶介乎红、绿茶之间，为半发酵茶，这类茶才能冲出工夫茶所要求的色香味。

潮州工夫茶**主要程式**有茶具讲示、茶师净手、泥炉生火、沙铫掏水、榄炭煮水、开水热罐、再温茶盅、茗倾素纸、壶纳乌龙、甘泉洗茶、提铫高冲、壶盖刮沫、淋盖追热、烫杯滚杯、低洒茶汤、关公巡城、韩信点兵、敬请品味、先闻茶香、和气细啜、三嗅杯底与瑞气圆融共 21 项。饮用时先敬长者，依次而行。

潮州工夫茶有独特的茶艺文化，以茶德和茶礼为人生之导向，其精神内涵体现了**潮州人"和"**的思想境界，在潮汕文化中占有极为重要的地位。

潮州工夫茶艺于 2008 年入选**第二批国家级非物质文化遗产名录**。

清热解毒 生津止渴 去火除湿

凉茶是粤、港、澳地区人们根据当地的气候、水土特征，在长期预防疾病与保健的过程中，以中医养生理论为指导，以中草药为原料，食用、总结出的一种具有清热解毒、生津止渴、去火除湿等功效的饮料。

凉茶

「凉」不是指温度
而是其性质功效

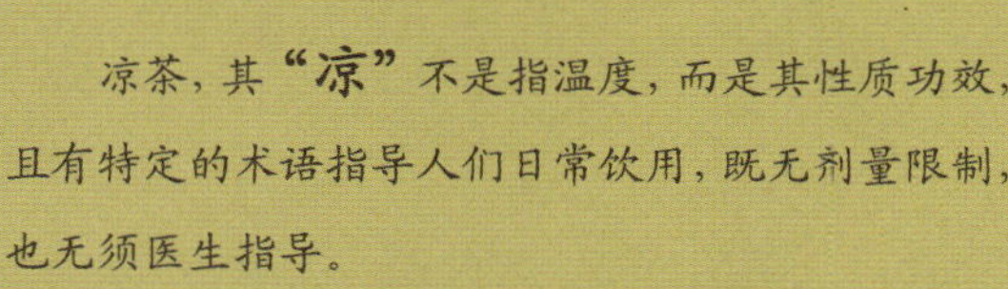

凉茶，其**“凉”**不是指温度，而是其性质功效，且有特定的术语指导人们日常饮用，既无剂量限制，也无须医生指导。

关于凉茶的历史典故、民间传说在岭南和海外广为流传，经久不衰。西晋光熙元年（306），东晋医药家**葛洪**来岭南，由于当时瘴疠流行，促使他悉心研究岭南的各种温病医药。葛洪所留下的医学专著以及后世岭南温派医家总结劳动人民长期防治疾病过程中的丰富经验，形成了岭南文化底蕴深厚的凉茶，其配方、术语世代相传。

凉茶配置技艺以家族世袭传承下来，已有数百年历史。王老吉、上清饮、健生堂、邓老、白云山、黄振龙、徐其修、春和堂、金葫芦、星群、润心堂、沙溪、李氏、清心堂、杏林春、宝庆堂共16个凉茶品牌的54个配方及其所构成的**凉茶文化**得到了民众的广泛认可。

林立于广东、香港、澳门的凉茶铺，形成了一道岭南文化的独特风景线。凉茶铺以在门面放一个偌大的**铜制葫芦**为卖凉茶的标志。有的凉茶铺把药材分类分装后出售，也有的凉茶铺直接将煲好的凉茶分类售卖。

凉茶文化的悠久历史和广泛的民间性、公认的有效性、严格的传承性及巨大的后发效应，使其成为世界饮料的一匹**“黑马”**。目前，凉茶**产量**已达200万吨（含港、澳地区），销售范围已覆盖全国及美国、加拿大、法国、英国、意大利、德国、澳大利亚、新西兰等近20个国家。

凉茶于2006年入选**第一批国家级非物质文化遗产名录**。

广式饼饵

选料上乘 精工细作 文化意蕴浓厚

饼饵按**馅料**可分为蓉沙、果仁、果蔬、肉禽制品、水产制品类和其他类；按**功能**可分为广式月饼、龙凤礼饼和其他饼饵。

饼饵中，**广式月饼**最为有名，又名广东月饼，是中国月饼的一大类型。广式月饼因主产于广府民系的分布地区而得名，起源于唐代，成型于明代，兴盛于近代，流行于广东、广西、海南以及港澳等地。广式月饼的**主要特色**是选料上乘，精工细作，皮薄馅丰，滋润柔软，饼面上的图案花纹玲珑浮凸，式样新颖，色泽金黄，品味有咸有甜。从**饼皮**上划分，广式月饼主要可分为糖浆皮、酥皮和冰皮3大类。

广式月饼最传统的馅料主要有莲蓉月、五仁月（核桃仁、杏仁、橄榄仁、瓜子仁、芝麻仁）和豆沙月等。其中双黄白莲蓉和双黄红莲蓉两个品种驰名海内外，被授予**"中国名饼"**称号。**安琪广式月饼**制作工艺以精、细、纯、正著称，以色、香、味俱全见长，其制作技艺于2008年入选**第二批国家级非物质文化遗产名录**。

龙凤礼饼俗称**"嫁女饼"**，饼上分别有龙凤图样、油皮莲蓉馅，是最有文化内涵的饼食，体现了广府地区传统的婚嫁习俗。昔日豪门嫁娶以礼饼的丰厚显示体面和气派，"嫁女饼"由男方过礼时送去女家，再由女家派给亲朋好友。最常见的"嫁女饼"是绫酥，还有皮蛋酥、蚝豉酥等。**绫酥**寓意荣华富贵，据其馅料不同，又分为黄酥、白酥、红酥、橙酥等。

其他饼饵的品种多不胜数。冬蓉酥，俗名潮州**老婆饼**，相传为广州**莲香茶楼**潮州籍点心师老婆所作，加以改进后成了茶楼的看家点心。此外，还有鸡仔饼、盲公饼、状元糕、杏仁饼、合桃酥、蝴蝶酥、老公饼、龙船饼、炒米饼、西樵大饼等，每个种类都有一段故事，包含着独特的岭南文化意蕴。

全国点心种类之冠

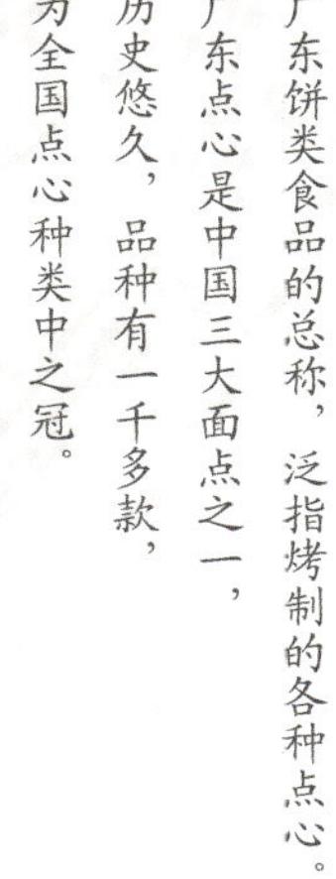

广东饼类食品的总称，泛指烤制的各种点心。广东点心是中国三大面点之一，历史悠久，品种有一千多款，为全国点心种类中之冠。

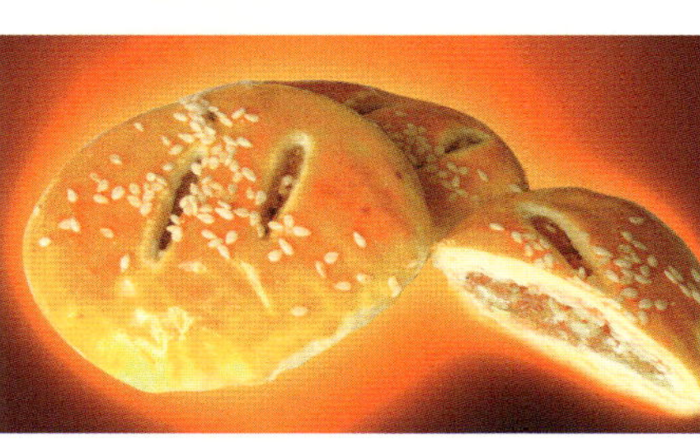

岭南水果

日啖荔枝三百颗
不辞长作岭南人

荔枝，古称**“离支”**。荔枝采摘时，以刀连枝砍下，使次年生新枝，利结果，故名“离支”。《本草纲目》载：“若离本枝，一日色变，三日味变，则离支之名，又或取此义也。”荔枝在秦汉时已经栽培，到1世纪广东和广西南部栽培已甚兴盛，至明、清时，种植更为普遍。荔枝喜温热不耐霜冻，植株宜向阳，故有“荔枝先向日边红”之说。其果实形、色、香、味俱佳，营养丰富。**苏东坡**谪岭南食荔枝后写诗句赞云：“日啖荔枝三百颗，不辞长作岭南人。”荔枝有100多个品种，在广东就有糯米糍、白糖罂、桂味、白腊、黑叶、妃子笑、三月红、淮枝、圆枝、水晶球、大红袍、犀角子、进奉、红皮、挂绿、将军荔、香荔、鹅蛋荔、尚书怀、玉荷包、鉴江红糯等数十个品种，尤以广东增城的**“挂绿”**驰名中外。

木瓜，又称番木瓜、乳瓜、蓬生果，原产于南美洲，现在广泛分布于热带及亚热带地区。17世纪传入中国，栽培历史已有300多年。广东主要产地在韶关、英德，尤以广州市附近的县镇栽培较多。木瓜种植面积广，产量大，素有**“岭南果王”**之称。主要栽培品种分岭南种、穗中红、泰国红肉等。果实富含多种维生素、蛋白质、脂肪、糖类和丰富的矿物质，广泛应用于食品工业、医药、制革、美容用品等。木瓜食法多样，除鲜食外，可炖食，放入冰糖清心润肺。

菠萝，又名凤梨、萎子，原产于巴西，16世纪引进中国。主要产区在海南，后来在广东、广西、福建部分地区广泛种植，品种常见有神湾种、巴厘种、沙捞越种及广州糖心菠萝。菠萝营养丰富，又是**“维生素营养源”**，有助人体对蛋白质的消化及吸收。果实除供鲜食外，主要供制糖水罐头，提取菠萝蛋白酶，也是制衣、织绳、造纸的优质原料。

香蕉，西汉元鼎六年（前111）的《三辅黄图》就有记载，6世纪以前栽培已相当广泛。其产区主要分布在广东、广西、海南、福建、云南等省。粗分为香蕉、大蕉、粉蕉、龙牙蕉等大类。香蕉叶大而绿，果形如梳。故苏轼有诗云：“西邻蕉向熟，时致一梳黄。”蕉有很高经济价值，既可作粮食充饥，又可作水果补充维生素，也可作药用治病。其茎还可解为丝，织为葛布，称**“蕉布”**，盛产于古代岭南。

西邻蕉向熟　时致一梳黄

岭南是热带、亚热带水果之乡，自古有『食香衣果』之说。可供食用的水果（含野生）有四百多种。

岭南水果分布最广、产量最多、质量最好的是荔枝、木瓜、菠萝、香蕉，被誉为『岭南四大名果』。

此外，还有龙眼、橄榄、广柑、柚子、黄皮、椰子、杨桃、石榴、杨梅、三华李、菠萝蜜、芒果等等。

波罗诞
北帝诞
天后诞
龙母诞
七姐诞

年祈岁祀

波罗诞

香火万家市 烟花二月时
居人空巷出 去赛海神祠

南粤祝

波罗诞会期为每年农历二月十一至十三，十三日为**正诞**，其传统民俗活动异彩纷呈，有水上庆会、四乡会景、化妆巡游、龙狮相会、飘色表演、大戏杂耍、龙舟盛会、文人雅集、花朝节等活动。庙会上还有最能反映广州民俗风情的波罗鸡、波罗符、大葵扇、风车、小狮子头等。当地俗语有云“第一游波罗，第二娶老婆”，把游庙会与人生大事相提并论，足见对其重视的程度。人们“游波罗”时，**波罗鸡**是必购的吉祥物，形成了独特的庙会文化。民间传说每年的波罗鸡中总有一只会啼，可以为买主带来财富。邻近的村庄中各家各户都蒸糕裹粽做包点，用以祭祀或赠送亲友，称为**“波罗粽”**。

从官府的拜祭演变为民间的娱乐，波罗诞的历史见证了我国古代**祭海文化**的发展。波罗诞于2011年入选**第三批国家级非物质文化遗产名录**。

见证我国古代祭海文化的发展

波罗诞又称『南海神诞』『南海波罗诞』，是民间为纪念南海神的生日而设立的庙会，至今已有一千多年的历史。

波罗诞起源于何时，于今已难考证，但其盛况却可以在南宋人刘克庄的《即事》中窥见端倪：

『香火万家市，烟花二月时。居人空巷出，去赛海神祠。』

清嘉庆年间（一七九六—一八二〇）崔弼所著《波罗外纪》中，生动描述了当时庙会的热闹情景：

『波罗庙每岁二月初旬，远近环集如市，楼船花艇，小舟大舸，连泊十余里。有不得就岸者，架长篙接木板作桥，越数十重船以渡。』

举镇数十万人　竞为醮会

佛山祖庙庙会是流行于珠江三角洲一带的融世俗性、群众性、娱乐性为一体的民间信仰活动。

佛山祖庙庙会的起源与北帝崇拜和佛山祖庙的修建密切相关。北帝，又名玄武、真武、玄天上帝、黑帝等，在珠江三角洲民间则多习称为『北帝』。作为北帝崇拜的载体，佛山祖庙建立于北宋元丰年间（一〇七八—一〇八五）。明屈大均在《广东新语》中说：『吾粤多真武宫，以南海县佛山镇之祠为大，称曰「祖庙」。』由此可知，清代以前在遍布广东各地的真武庙中，以佛山祖庙『历岁久远』，规模最大，影响最广，成为『诸庙之首』，很早就形成了乡耆、士绅来祖庙议事的『庙议』，使祖庙成为一个集政权、族权、神权为一体的著名庙宇。

佛鎮祖廟玄天上帝巡遊路徑

北帝诞

设醮肃拜　北帝巡游

演戏酬神　烧大爆

佛山祖庙祭祀的主要活动有农历正月初六开始的北帝坐祠堂、二月十五的官祀春祭、三月初三的北帝诞、八月十五的官祀秋祭、九月初九的北帝崇升等，其中农历三月初三**北帝诞**是一年祭祀活动中最隆重、最热闹的仪式。

佛山祖庙庙会的主要活动包括设醮肃拜、北帝巡游、演戏酬神和烧大爆等，其中**北帝巡游**是最肃穆、隆重的祀典。巡游时，北帝武神铜像端坐在朱漆贴金龙纹北帝轿椅内，前有锣鼓、仪仗队、彩旗幡伞队鸣锣开道，后有醒狮随尾，所到之处各街坊张灯结彩迎驾，人们纷纷瞻拜神像。烧大爆活动在每年三月初四举行。所谓**“烧大爆”**，就是点燃安放在华丽彩车上的一个大爆竹。爆竹内附有一个铁制小环，爆竹一响，铁环飞向空中，围观的人们纷纷争夺，以寄祈祥纳福之意。

佛山祖庙庙会作为佛山最大的综合性祭祀和娱乐活动，“举镇数十万人，竞为醮会”，有着广泛的群众参与性。佛山祖庙庙会于 2008 年入选**第二批国家级非物质文化遗产名录**。

天后诞

渔民的守护神

据史料记载，天后原名**林默**，福建莆田循州人，诞生于宋建隆元年（960）三月廿三，雍熙四年（987）九月初九与世长辞。关于这位天后的身世，民间传说甚多。相传天后自童年起能洞晓天文气象，熟习水性，专门保护出海的船只，海难发生时常得到她的救助，还经常教人防疫消灾，引导人们避凶趋吉。其后，沿海乡民纷纷立庙祀奉，历代君主都赐以名衔，尊为天妃，成为渔民的**守护神**。每逢诞会或船只出海，人们都会向“天妃娘娘”上香祈求出入平安，风调雨顺。有的还把她和观音信仰捏合在一起，称之为“观音天后”。

诞会期间，凡有天后庙的地方，均张灯结彩，打醮庆贺，迎神出游，演戏酬神，宴请亲朋好友，一连三天，最后一天以抢花炮为高潮。**水上人家**尤为隆重，视为每年大节。

有的地方虽无天后庙，但有天后像，也会礼拜祭祖。人们把神像送到某祠堂或公共场所供奉，诞前一天必向神**占卦问卜**，迎送神像或游神之时，各街坊均出仪仗、八音等，舞狮舞龙助兴。家家户户摆出香花祭品，烧香燃烛礼拜，神像过时燃放爆竹。各村口、街口、祠堂门口，亦要备祭迎驾。

“辞沙”祭妈祖大典是深圳市南山区赤湾天后宫特有的一项传统民俗活动，习俗传承至今已有500多年历史，为我国东南沿海地区妈祖信仰和海洋文化的重要组成部分，于2007年入选**广东省第二批省级非物质文化遗产名录**。

妈祖诞辰的传统节日

天后诞，又称『妈祖诞』，是庆祝天后（妈祖）诞辰的传统节日，于每年农历三月廿三举行，佛山三水一带渔民叫作『送大舅节』。天后诞不独广府地区所有，潮汕、雷州半岛等地区也很兴盛，福建、台湾更甚。广府地区水域广阔，海事频繁，故信奉天后的人很多，几乎所有的渔村都有天后宫、妈祖庙。广东省内最大的天后庙在深圳赤湾，著名的还有佛山三水芦苞天后宫等。

竭诚致敬　纷罗致祷

龙母诞是纪念龙母出生和『升天』的日子，是一种古老的汉族民俗及民间宗教文化活动。龙母崇拜起初流行于西江流域，大小龙母庙遍布，一九四九年前数以千计，其中广东高要、肇庆、顺德、广州、广西梧州、藤县和港、澳等较为集中，仅德庆县内就有三百多座，又以德庆悦城龙母祖庙最为著名。

龙母诞

官舸商艑
或陈牲醴

往来梭织
或具芗萁

传说龙母姓温，广西藤县人，卒于广东德庆悦城，因养育五条龙造福百姓而被称作龙母。龙母去世后，人们将她视为利泽天下的**西江人文始祖**而为之立庙。自秦始皇敕封开始，历汉唐元明清各个朝代，悦城龙母均受到皇帝的敕封。龙母文化随之广为流传，影响遍布西江流域、珠江三角洲、港澳地区和海外华人。

悦城龙母诞庙会源自广东省德庆县先民对远古西江水神龙母的原始崇拜，距今已有两千多年历史。悦城龙母诞主要集中在每年的龙母**生辰诞**（农历五月初一至初八）和**得道诞**（农历八月初一至初八）。以前，每至诞期“官舸商艑，往来梭织，大而艨艟，细及蛋艇，经过庙下，或陈牲醴，或具芗萁，设荔丹蕉黄之品，竭诚致敬，纷罗致祷，咸克安流稳泛于水次。”如今，则有舞龙、狮助兴和演戏娱神、抢花炮等民俗活动，以及摸龙床、饮圣水、服香灰、吃金猪、盖龙母金印、请“龙母运程香”、戴龙母符、捐香油款等圣迹信仰，吃粽子和龙船糕等饮食习俗和不食鲤、爱青龙等禁忌与习惯。

每年龙母诞期间，各地前来参神“贺诞”的乡民人数众多，尤其是五月初八**“正日”**，更是盛况空前。从初一至初十，来自西江上游的百色、龙州等地的**“贺诞团”**先后集结到悦城河段前面，排成长5里、宽240多丈的船队，和陆上连成一片，渡船上八音班奏乐数里可闻，往来穿梭于西江大河的客货船，行至距离龙母祖庙三四里的河面时，船工便鸣笛或击鼓鸣金，燃爆竹、烧香点烛，向龙母祖庙致祷。

2001年，悦城龙母祖庙被列为**第五批全国重点文物保护单位**。悦城龙母诞于2011年入选**第三批国家级非物质文化遗产名录**。

粤人重巧夕 灯火到天明

乞巧节又称『七姐诞』『七娘诞』，或『摆七娘』『拜七娘』，农历七月初七，古称『七夕』，起于汉代。宋刘克庄诗云：『粤人重巧夕，灯火到天明。』乞巧节至清末民初，尤为兴盛。

七姐诞

『摆巧』『拜仙』『乞巧』
『吃七娘饭』『看七娘戏』

传统的“摆七娘”活动分为“摆大七娘”和“摆小七娘”两种形式。**“摆小七娘”**多由单家或联户举行，形式简单，都在自家厅堂进行；**“摆大七娘”**则要到大祠堂去，一般要隔几年才举行一次。

无论“摆大七娘”还是“摆小七娘”，活动大致概括为四个方面：一是**“摆巧”**，即制作斋塔、芝麻香、鹊桥景观、七娘盘、七夕公仔等独具特色的传统七夕工艺系列作品；二是**“拜仙”**，过去三更时分，由老姑婆带领未婚女子举行叩拜七姐之礼，接连七次；三是**“乞巧”**，即进行“赛巧”或“卜巧”的游戏活动，如在微弱的灯光下穿针比赛，名曰“对影穿针”；四是**“吃七娘饭”“看七娘戏”**，一方面加深姐妹之间的情谊，另一方面也希望得到七姐的保佑。而有条件的大户人家如果在自己家里做“七姐”，晚上还会请来村里的姑娘和“八音”锣鼓演奏。

广州是目前国内乞巧习俗保留最完整和特色最鲜明的地区，以村落族群为单位展开的“七姐诞”展现了古代岭南与中原文化、习俗的密切联系。当前，天河区**珠村**是广州乞巧活动最集中、规模最大的村落。天河乞巧习俗于 2011 年入选**第三批国家级非物质文化遗产名录**。

艺术形式中都荡漾着远古的回声和当代的神韵。

品，岭南华章，那是一幕幕博采众长的声色光影。以折衷中西、融汇古今为宗旨的岭南画派，提倡取材生活、反映现实、面向群众、雅俗共赏的艺术理念，成为中西兼擅、锐意革新的现代国画流派。继承传统并融合西方音乐文化元素的广东音乐，以本土化、地方化对外来乐器进行民族化改造，使饱含『俗世感情，平民意识』的广东音乐器乐丰富、手法繁多、题材宽广、色彩浓郁，伴随着中国历史的变革和世界音乐的发展而不断成长。

赏，岭南技艺，那是一个个出神入化的鬼斧神工。以『分工细密、技艺精湛、题材丰富、形式多变』见长的岭南艺术，制作工艺涵盖了雕塑、染织、刺绣、编织、绘画、金工、剪纸等，雕刻有木、石、竹、砖、骨、玉、角、榄、象牙等为材质，塑作有泥、陶、瓷、纸、漆、石灰等为原料。论技法如玉雕、牙雕、木雕都有镂通技艺，技之精、艺之巧，出神入化，巧夺天工，令人叹为观止。

悟，岭南风情，那是一个个蓬勃向上的鲜活生命。大量模拟动物的广东民间舞蹈，从麒麟貔貅、蜈蚣蝴蝶到牛马猫狗、鳄龟鱼蚌，以至狮鹿鹰鹤、龙蛇凤鸡，质朴率真，充满生命主体意识。这些舞蹈大都起源于图腾崇拜和信仰崇拜，大都活跃在节日喜庆活动，含有精神、心理、体能、技能等方面的较量，色彩新鲜火红、活泼热烈，风格简洁、朴拙、纯粹，带有希望、吉祥的节奏美、力量美、稚趣美，表现出岭南人民团结合作、乐观坚强、积极向上、和谐淳朴的人文精神。

艺术是人们对生活的态度，也是人们对生命的感悟。

艺术带来真理和美德，艺术塑造着人生，也使世界更完美。

当我们周围的物质和欲望不断膨胀，信仰和价值不断式微的时候，那些原生态的、原创性的艺术，可以照亮我们的心灵，激发我们的意志，提升我们的品位，在我们心中种植高贵、忠诚、宁静、纯洁，推动我们去创造更加高尚谐美的生活。

从绘画、雕塑、建筑到工艺、书艺、杂艺，从岁时节令、人生仪礼到祀神祭祖、日常起居，大至楼台馆阁，小到碗筷杯匙，岭南的艺术中永远喧响着岭南的风声、涛声和心声。

只要艺术活着，岭南就会长青！

缤纷艺术菁萃

文化的岭南，也是艺术的岭南。

岭南艺术历史悠久，唐宋两代已出现『岁为神会作鱼龙百戏』『箫鼓管弦之声达昼夜』的文化盛况。明清时期更加繁荣，『歌舞之多，过于秦淮数倍』。

鸦片战争以后，岭南文化在与西方文化的接触交流中，大规模兼容整合，重构岭南价值和艺术发展观念，新风新俗新艺术不断涌现。

艺术只有是民族的，才可能是世界的。岭南艺术作为中华艺术的代表之一，不仅浓缩了民族艺术的特色与精华，也彰显着世界艺术的博大与包容。

听，岭南之音，那是一段段历久弥新的人间佳话。粤剧、潮剧、汉剧、雷剧、潮乐、汉乐、咸水歌、客家山歌等，流行于岭南特定地区，用的是岭南各大民系的方言，取材于岭南的社会、历史、文化，歌唱着岭南地区的多彩生活，寄托着岭南人民的梦想愿景，歌、舞、念、打、吹、拉、弹、唱，都是岭南的气息和风味。

忆，岭南风韵，那是一波波绚丽壮阔的历史浪潮。潮剧演变于宋元南戏，汉乐传承于宋、元、明三代的曲调，粤剧起源于明代中叶，客家山歌发源于中原古代民歌，广彩至今有三百多年历史，石湾公仔有唐宋遗风，嵌瓷明代已形成风格，禾楼舞更是古代『百越』乌浒（壮族祖先）舞蹈，被誉为远古稻作文化的活化石。所有这些

粤剧
潮剧
广东汉剧
雷剧
广东音乐
潮州音乐
广东汉乐
客家山歌
咸水歌

丝竹南音

南国红豆

粤剧又称『广东大戏』，
流行于广东、广西、香港、澳门等使用粤方言的地区。
东南亚、美洲、大洋洲等讲粤语的华侨、
华人聚居的地方都有粤剧的演出。
明末清初，弋阳腔、昆腔传入广东。
清道光、咸丰年间（一八二一—一八六一），
广东本地戏班在演出中以『梆簧』（西皮、二黄）作为基本曲调，
兼收高腔、昆腔及广东民间乐曲和时调，
用『戏棚官话』为基本语言，间杂以粤方言，逐渐形成粤剧。
一九一二年前后，粤剧演出基本上已改用广州方言，
表演体系日趋完善，开始在梆簧中穿插民歌小调，
并改假声演唱为『平喉』演唱。

人类非物质文化遗产

粤剧

粤剧的**传统剧目**早期主要有《一捧雪》《二度梅》等所谓"江湖十八本"，后又出现《黄花山》《西河会》等"新江湖十八本"和《苏武牧羊》《黛玉葬花》等"大排场十八本"。**代表性剧目**还有《白金龙》《平贵别窑》《宝莲灯》《凤仪亭》等。粤剧**乐队**最初由二弦、月琴、三弦、竹提琴、箫"五架头"组成，后又陆续吸收了其他一些新式乐器。

粤剧原有末、生、旦、净、丑、外、小夫、贴、杂等10大行当，后精简为文武生、小生、正印花旦、二帮花旦、丑生、武生6类。粤剧表演带有**质朴粗犷**的特色，有单脚、滑索、运眼、小跳、拗腰等绝技。其武打以**南派武功**为基础，靶子、手桥、少林拳及高难度的椅子功和高台功都十分出色。

粤剧广泛吸收广东音乐、广绣、牙雕、陶瓷、灰塑等地方艺术形式，充分体现了广府民系的**地域文化传统**，辐射范围遍及全球各地，在世界华人中具有极强的文化影响力。粤剧享有**"南国红豆"**的盛誉，涌现出薛觉先、马师曾、白驹荣、桂名扬、廖侠怀、红线女等一大批杰出的粤剧艺术家。

粤剧于2006年入选**第一批国家级非物质文化遗产名录**，2009年被联合国教科文组织列入**人类非物质文化遗产代表作名录**

南国奇葩

潮剧又名『潮州戏』『潮音戏』，是用潮州方言演唱的一个古老地方戏曲剧种，是宋元南戏的一个分支，距今已有四百三十多年的历史，主要分布于粤东、闽南、台湾、香港和东南亚等地。

潮剧

古老地方戏曲剧种

潮剧**传统剧目**分宋元南戏和明清传奇、文明戏和新编历史剧两大类，有剧目2000多个。传统剧目在潮剧中占据重要地位，有《荔镜记》《苏六娘》《刘明珠》等精品剧目；传统折子戏《扫窗会》《杨令婆辩十本》《闹钗》汇聚了传统潮剧的精华，被誉为**“百花潮中的三块宝石”**。

从表演上来看，潮剧的角色行当中以**生、旦、丑**最具地方特色。生旦戏《扫窗会》被誉为中国戏曲以歌舞表演故事的典型代表；潮剧丑角分为10类，其中项衫丑的**扇子功**蜚声南北，为世所称。老丑戏《柴房会》中，丑角的**溜梯功**为潮剧所独有，在戏曲界享有盛誉。潮剧音乐属曲牌联套体，唱南北曲，声腔曲调优美，轻俏婉转，善于抒情。清代中叶以后，它又吸收板腔体音乐，更显得丰富灵活、多姿多彩。潮剧中有传统曲牌200多支，乐曲1000多首，是研究中国戏曲声腔的重要资料。潮剧演唱用真声，唱念用古谱**“二四谱”**，韵味浓郁。其曲调包括优美柔媚的轻三六调、平正端穆的重三六调、哀戚幽怨的活三五调及轻松诙谐的反线调等。潮剧的打击乐器均有定音，伴奏有复调和声之美，1950年后为许多兄弟剧种所仿效。

潮剧于2006年入选**第一批国家级非物质文化遗产名录**。

南国牡丹

广东汉剧原称『外江戏』，是以皮黄为主的板腔体剧种，被誉为『南国牡丹』。清乾隆年间（一七三六—一七九五），汉剧进入粤东，以潮州为中心而发展，后在当地逐渐形成了『乡风喜唱外江班』的习俗，同时，向北部的客家地区流播。现主要分布于梅州，并流行于潮汕、河源、深圳、惠州、韶关及赣南、闽西等地。

广东汉剧

以皮黄为主的板腔体剧种

广东汉剧传统剧目以**文戏**为多，单折戏又占总数的八成以上。题材取自古代的历史故事、神话传说、传奇演义和元明杂剧，**代表性剧目**有《闹太师》《渭水访贤》《弑齐君》《孙膑收庞涓》《过昭关》等。

广东汉剧以西皮、二黄为主要声腔，且**西皮**讲究“眼起板落”，**二黄**讲究“板起板落”，被称为“急西皮，慢二黄”，还兼有“昆曲”“吹牌”“大板”（即“四平调”）、“小调”“七句半”（即“南罗腔”，又称“罗罗腔”）、“梆子”“弋阳”“佛曲”等，在皮黄声腔系统的剧种中独树一帜，尤其保存了许多古腔古调。广东汉剧音乐大量吸收融合了带有古代宫廷雅乐和地方仪式音乐特色的广东汉乐及粤东民间音乐，是皮黄剧种中伴奏音乐最为丰富的剧种之一。**伴奏乐器**中的头弦、大锣、号头（又称吊喇子），更以个性鲜明的音色构成了广东汉剧独具韵味的音乐特点。

广东汉剧有生、旦、丑、公、婆、净 6 个行当，净又分乌净、红净，各行当发声、唱腔均有严格区别，其中**红净**以真假嗓结合，行腔高亢洪亮又悠扬清雅，尤显特别。广东汉剧的舞台语言融合了中州韵、湖广音和普通话，韵白古雅，别具风味。

广东汉剧于 2008 年入选**第二批国家级非物质文化遗产名录**。

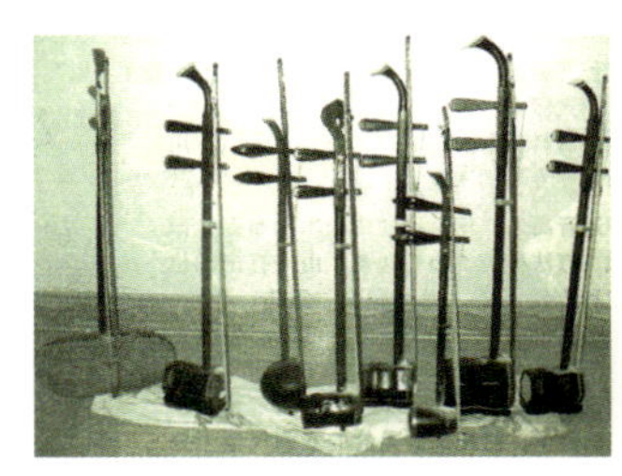

雷州的文化艺术瑰宝

雷剧

雷剧是以**雷州话**为唱白的地方剧种，其角色行当、服饰类同于兄弟剧种，表演带有浓郁的生活气息，声腔有鲜明的民歌风格。唱腔兼具**板腔体**和**曲牌体**的特点，分雷讴、高台、混合体三大体系，有散板、慢板、中板、快板、复板 5 种板式。伴奏乐器主要有雷胡、笛子、唢呐、萨克管、锣、钹、鼓等。

据《广东通志》《海康县续志》记载及境内众多的明清古戏台文物进行分析，雷剧的成型阶段约在清中叶，一般所说的第一个剧本《断机教子》、第一个民间剧团“尧天乐雷州歌班”均于清嘉庆年间(1796—1820)诞生。此后，经过近 300 年的舞台实践，不断吸纳兄弟剧种的艺术营养，雷剧成为当地人民群众喜闻乐见的地方戏曲剧种。著名剧目有《梁红玉挂帅》《貂蝉》《符兆鹏》《千里缘》《斩周忠》《陈琪放犯》《抓阄村长》等。

雷剧于 2011 年入选**第三批国家级非物质文化遗产名录**。

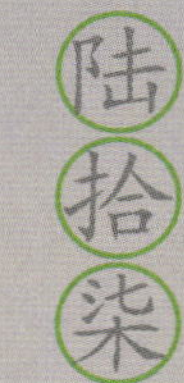

浓郁的生活气息 鲜明的民歌风格

雷剧，是雷州的文化艺术瑰宝，是粤西传统文化的一朵奇葩。雷剧起源于广东省雷州市（原海康县），广泛流传于雷州半岛以及雷州话方言地区，其演出人物众多，场面宏阔，内容丰富，深受群众的喜爱，成为广东四大剧种之一。雷剧是在雷州歌的基础上发展起来的，曾经过劝世歌、姑娘歌、大班歌、雷州歌剧的发展过程，至今已有五百多年的历史。

凡有华人的地方就有广东音乐

广东音乐是流行于以广州为中心的珠江三角洲及广府方言区的传统丝竹乐种，是岭南民间传统文化的瑰宝。它以轻、柔、华、细、浓的特点和清新流畅、悠扬动听的岭南风格备受民众的喜爱，影响遍及大江南北，流行于世界各地的华人社区。

广东音乐

岭南丝竹音乐

广东音乐有 400 余年的历史，曲名和乐谱可考的乐曲现有 500 多首，**代表曲目**有《雨打芭蕉》《旱天雷》《步步高》《平湖秋月》《娱乐升平》《赛龙夺锦》等。演奏乐器有多种组合方式，最典型的是二十世纪二三十年代的**“五架头”**（又称**“硬弓组合”**，即二弦、提琴、三弦、月琴、横箫）和“三架头”（粤胡、扬琴、秦琴），各种丝竹乐器配合默契，相得益彰，生动展现了岭南丝竹音乐的精妙和华美。

在长期的创作表演实践中，广东音乐开放性地选择、吸收了外来音乐及国内其他民间艺术的有益成分，加以改造，为我所用，形成了风格独特、地方特征鲜明的民间音乐品种，曲式和调式调性多样，节奏清新明快，旋律细腻缠绵又浓郁华丽。广东音乐拥有一批杰出的作曲家、演奏家和代表性乐器，与粤剧、岭南画派并列为**“岭南三大艺术瑰宝”**。

台山市位于珠江三角洲西南部，是全国著名的华侨之乡。台山的**“八音班”**是广东音乐的活动形式之一，具有独特的地方色彩和悠久的历史。在海外，凡有华人的地方就有广东音乐。广东音乐是海外华人与祖国家乡之间的情感纽带，为海外华人传承优秀中国文化传统做出了重要贡献。

广东音乐于 2006 年入选**第一批国家级非物质文化遗产名录**。

潮州音乐

宝贵的音乐文化遗产

潮州音乐源于当地民歌、歌舞、小调，并吸收弋阳腔、昆腔、秦腔、汉调、道调和法曲诸乐的素材，兼容并蓄，自成一类。它蕴藏丰富，品种繁多，大致可分为**广场乐**和**室内乐**两大类：前者包括潮州大锣鼓、外江锣鼓乐、潮州小锣鼓、潮州花音锣鼓、潮州八音锣鼓；后者包括笛套古乐、潮州弦诗乐、潮州细乐、潮州庙堂音乐等。

潮州音乐内涵丰富，既能表现小桥流水式的雅致趣味，又能演绎气壮山河的史诗。潮州音乐所独有的**“二四谱”**是十分古老的谱式，在其独特的律制中，“si”“fa”二音的灵活变化体现了潮乐独特的韵味，同时构成潮乐轻六、重六、活五、反线等多种调式以及演奏上强调充分发挥作韵和即兴加花两种技法。

潮州音乐**常用乐器**约有20多种，最具有本地特色的是二弦、唢呐、深波等，**代表性曲目**有《抛网捕鱼》《双咬鹅》（大锣鼓）、《昭君怨》《小桃红》（细乐）、《晏灯楼》（苏锣鼓）等。潮州音乐的乐器组合、演奏技巧、曲式结构、变奏手法都具有独特的章法和美学依据，是一笔非常宝贵的音乐文化遗产。

潮州音乐于2006年入选**第一批国家级非物质文化遗产名录**。

兼容并蓄 自成一类

潮州音乐主要流传于广东潮州地区，是用各类民间器乐演奏的乐曲的总称。除潮州外，还广泛流行于闽南、粤东、广州、上海、台湾、香港、澳门各地及东南亚各国和潮人聚居地。潮州市是潮州音乐的中心和发祥地，其源头可追溯到唐宋之际，至明清时期发展成熟。

广东汉乐

广东三大乐种之一

按照传统的演奏形式、长期沿革的演奏习惯及不同用途，广东汉乐分成五个类别：一是**丝弦乐**，俗称“和弦索”，是广东汉乐中最普及、最大众化的演奏形式。演奏时以头弦(俗称“吊规子”)或提胡领奏，配以扬琴、三弦、笛子、椰胡等乐器。二是**清乐**，又称“儒乐”，追求比较高雅的演奏形式，为文人雅士所偏好。演奏时乐器较少，主要有古筝、琵琶、椰胡、洞箫等，人称筝、琶、胡“三件头”。三是**汉乐大锣鼓**，又称“八音”，主要应用于民间迎神赛会或闹元宵等客家传统节日。演奏时以唢呐主奏，另辅以大鼓、苏锣、大小钹、碗锣、铜金、小锣、马锣（八音用）等打击乐器。四是**中军班音乐**，主要由职业或半职业的民间音乐班社演奏，作为仪仗性质的音乐，主要用于民间的婚丧喜庆活动。演奏时以唢呐为主奏乐器，配以打击乐和若干丝弦乐。五是**庙堂音乐**，是举行宗教法事时演奏的吹打音乐。演奏时以唢呐为主，配以打击乐和若干丝弦乐。

广东汉乐曲目丰富，**代表曲目**有丝弦曲《单点尾》《玉山坡》《思夫》，唢呐曲《粉叠》《普天乐》《玉芙蓉》，庙堂音乐《一封书》《水底鱼》等。

广东汉乐于2006年入选**第一批国家级非物质文化遗产名录**。

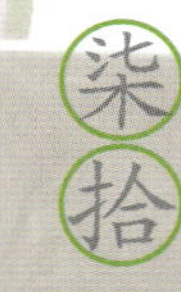

中州古乐

广东汉乐旧称『客家音乐』『外江弦』『儒家乐』『汉调音乐』等，主要分布在广东梅州、汕头、韶关、惠阳等地区。据考是古代汉民由中原南迁时带入的，有『中州古乐』之称，在梅州大埔流传至少有五百年以上的历史，已成为广东三大乐种之一。

中原文化与梅州土著文化融合的产物

客家山歌是用客家方言演唱的民歌，流传于广东省东北部、江西南部、福建西部、桂东桂西等地区，并流播到海外客家人聚居地，以梅州、瑞金、宁化、贺州等地较有代表性。客家山歌于宋、明期间伴随着客家民系的形成而传播繁衍，是中原文化与梅州土著文化融合的产物，歌词诗味浓郁，类似竹枝词，有『国风』和『吴歌』余韵。

客家山歌

客家文化的重要组成部分

梅州客家山歌共有腔调近百种，音调高扬绵长，平稳流畅，起伏不大；音区较高，音域较窄；级进较多，跳进较少；节奏自由，节拍多样，常有多种节拍混合而歌。客家山歌主要采用**“赋、比、兴”**的传统表现手法，基本为四句七字体，讲究一、二、四句押韵，唱时因景生情，随口而出。梅州客家山歌有数万首歌词流传于民间，内容包括劳动歌、时政歌、仪式歌、礼俗歌、情歌和其他生活歌、儿歌等，涵盖了客家人生活的方方面面，其中以**情歌**的数量最多，内容最精彩，文学价值也最高。

代表曲目有《新绣荷包两面红》《送人离别水东西》《八月十五月团圆》《打只山歌过横排》《八月十五看月光》《大雨落来细雨淋》《风吹竹叶响叮当》等。

客家山歌是**客家文化**的重要组成部分，是民间音乐、民间文学的瑰宝，对于文学艺术、社会学、历史学、语言学、民俗学等方面的研究都具有重要的参考价值。

梅州客家山歌于2006年入选**第一批国家级非物质文化遗产名录**。

咸水歌

触景生情 随编随唱

对唱互驳 斗歌竞唱

咸水歌是疍家广为传唱的**口头文化**表现形式。自古以来，疍家人浮家泛宅，伴水而居，不断从四面八方来到珠江口沿海一带的冲积平原上，散居在中山、珠海、顺德等沿海地带和河网地带。清代及中华民国初期，广东每逢中秋有渔船集结珠江江面以互唱咸水歌**斗歌**的习俗。

广东中山**坦洲镇**的疍民素有从事农业劳动或行船时对唱互驳、斗歌竞唱的习俗，特别是在谈婚论嫁、丧葬等过程中，往往触景生情，随编随唱。**中山咸水歌**的主要类别包括长短句咸水歌、高棠歌、大罾歌、姑妹歌和叹家姐等。

咸水歌在中山坦洲历史最为悠久，流传广泛，曲目丰富，至今仍然保留着传统的唱法，如采用粤方言中山次方言歌唱，衬词用“啊咧”“啊啰”，衬句多用“妹好啊咧”“弟好啊咧”，歌唱的**即兴性**很强，随字求腔，无固定成法。其**代表曲目**有《对花》《海底珍珠容易揾》等。

中山咸水歌于2006年入选**第一批国家级非物质文化遗产名录**。

疍民口头文化表现形式

咸水歌又称『咸水叹』『叹哥兄』『叹姑妹』，是疍家人自娱自乐的一种歌唱形式，主要流传于珠江三角洲、广西沿海地区等地的农民和船民中。

三雕一彩

粤绣

石湾陶塑

端砚

嵌瓷

岭南画派

香云纱

神笔奇艺

历史悠久　种类繁多　技艺精湛

广东的传统工艺美术历史悠久，产品种类繁多、技艺精湛，尤以玉雕、牙雕、木雕及彩瓷为人称道。

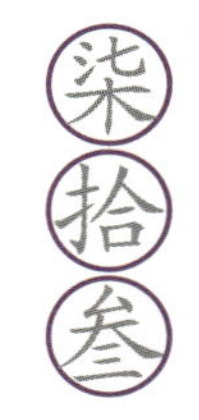

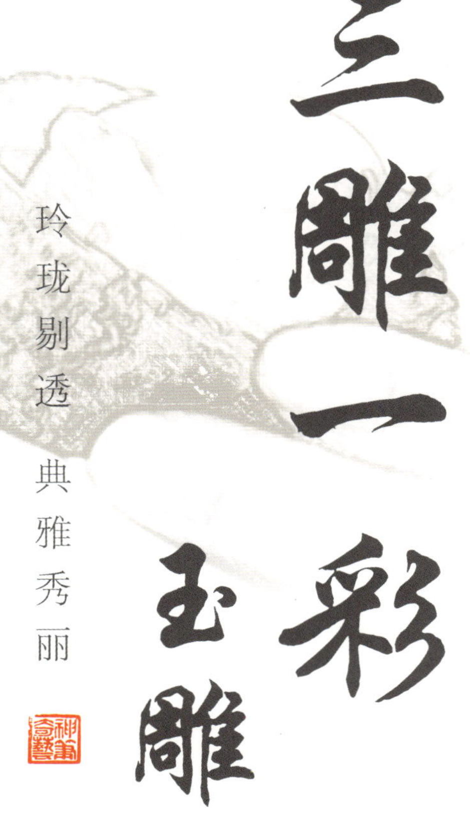

三雕一彩 玉雕

玲珑剔透 典雅秀丽

广东玉雕较有代表性的有广州玉雕、阳美翡翠玉雕、广宁玉雕和四会玉雕等。**广州玉雕**以造型典雅秀丽、轻灵飘逸、玲珑剔透的**"南派"**风格而独树一帜，与北京、扬州、上海的玉雕工艺并列为"中国四大派"。广州玉雕工艺历史悠久，市内飞鹅岭新石器时代遗址中发现的完整玉环及残玉环，距今约4000多年。象岗山西汉南越文王墓出土的1000多件（套）文物中，就有雕刻精致的玉器200余件。明清时期能工巧匠集于广州，民间玉器工艺蓬勃发展，20世纪30年代走向鼎盛，玉雕业户达4000多家，驰名中外的长寿路、带河路玉器墟，成为我国**南方最大的珠宝玉器市场**。

广州玉雕以**翡翠玉**为材料，以玉器首饰和玉雕座件为主要代表。传统首饰采用浮雕工艺，纹饰多以瓜果、花鸟、龙凤、观音、佛像和福禄寿等为纹样，分为玉镯、光身碎件、花件3大类共100多个花色；**雕琢技法**更以通雕座件、镂雕玉球和组合镶嵌等独步业界。

阳美翡翠玉雕属"南派"风格，但也融合了"北派"特色，尤以"奇、巧、精、特"的精湛技艺著称。玉石选取玉质晶莹、硬度高的上等翡翠为材料。在工艺上，既借鉴吸收了**潮州木雕**的表现形式和技法手法，又融合了**潮绣**巧妙表现物象肌理和注重光、影和谐的技巧。

广州玉雕、阳美翡翠玉雕于2008年入选**第二批国家级非物质文化遗产名录**。

三雕一彩 牙雕

精镂细刻 玲珑剔透

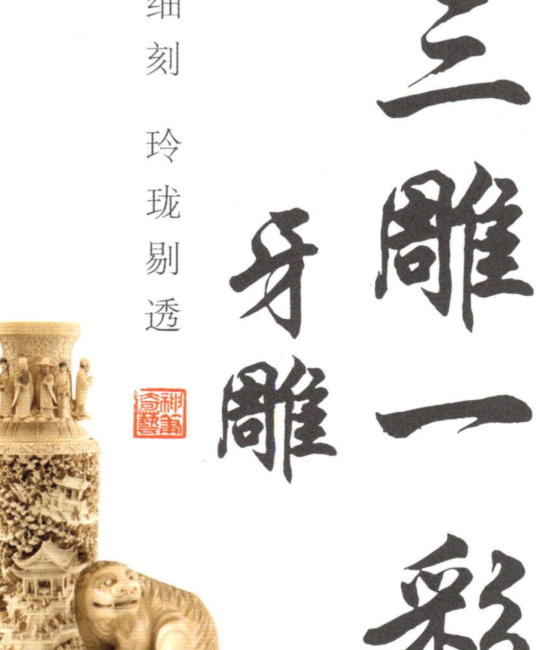

牙雕即象牙雕刻，是以**象牙**为材料的雕刻工艺及其成品。镂雕牙球、花舫、微刻书画均是广东牙雕的代表。广东牙雕产品主要分为三类：一是**欣赏品**，包括象牙球、花舫、蟹笼、花塔、花瓶、鸟兽、人物、石山景等；二是**实用品**，包括折扇、台灯、烟盅、烟嘴、笔筒、粉盒、图章、梳具、筷子、牙签、书签、纸刀、象棋等；三是**装饰品**，包括手镯、项链、耳环、戒指、别针等。

广东牙雕在秦汉时期已有一定的发展，明清时工艺与生产规模曾达到历史高峰，民国以来其工艺水平日趋精湛，在全国牙雕行业中独树一帜。

广东牙雕**重雕工**，以镂空、透深的雕刻技法闻名于世。作品以牙质莹润、精镂细刻、玲珑剔透见长，整体布局繁复热闹，丰富多彩。刀法见棱见角，华丽而美观。最具有代表性的是**象牙球雕刻**。将象牙打磨成球体，然后把它镂通雕成多层次可自由转动的球层，每一球层上都镂满了花卉、鸟兽等图案，再用球柱、球托支撑，浑然一体。

象牙雕刻于2006年入选**第一批国家级非物质文化遗产名录**。

三雕一彩 木雕

雕工细腻 金碧辉煌

潮州木雕是广东潮州地区的一项民间雕刻艺术，用以装饰建筑、家具和祭祀器具等。潮州木雕与东阳木雕并誉，唐宋时期已存在，至明清时期技艺臻于完美，以构图复杂、雕工细腻、金碧辉煌、装饰性强而享有盛誉。主要以**樟木**为材质，题材多为历史故事、民间传说、珍禽瑞兽、花鸟虫鱼等。雕刻技法有浮雕、沉雕、圆雕、镂雕、通雕等多种手法，尤以通雕见长。

潮州木雕的装饰分为三类：一是最常见的**“黑漆装金”**，即先在雕刻物上以黑色的漆料作底，然后铺上金箔；二是**“五彩装金”**，多用于建筑装饰，以青、大绿或紫红、粉黄装彩，再用金色烘托，形成金碧辉煌的效果；三是**“本色素雕”**，即保持木材本色，不加油漆，使作品的雕工和木纹清晰可见，朴素静雅。潮州**己略黄公祠**内各处梁柱多饰以龙、凤、狮等祥瑞动物，展现了潮州木雕的各种表现技法，被誉为“潮州木雕一绝”。

潮州木雕于2006年入选**第一批国家级非物质文化遗产名录**。

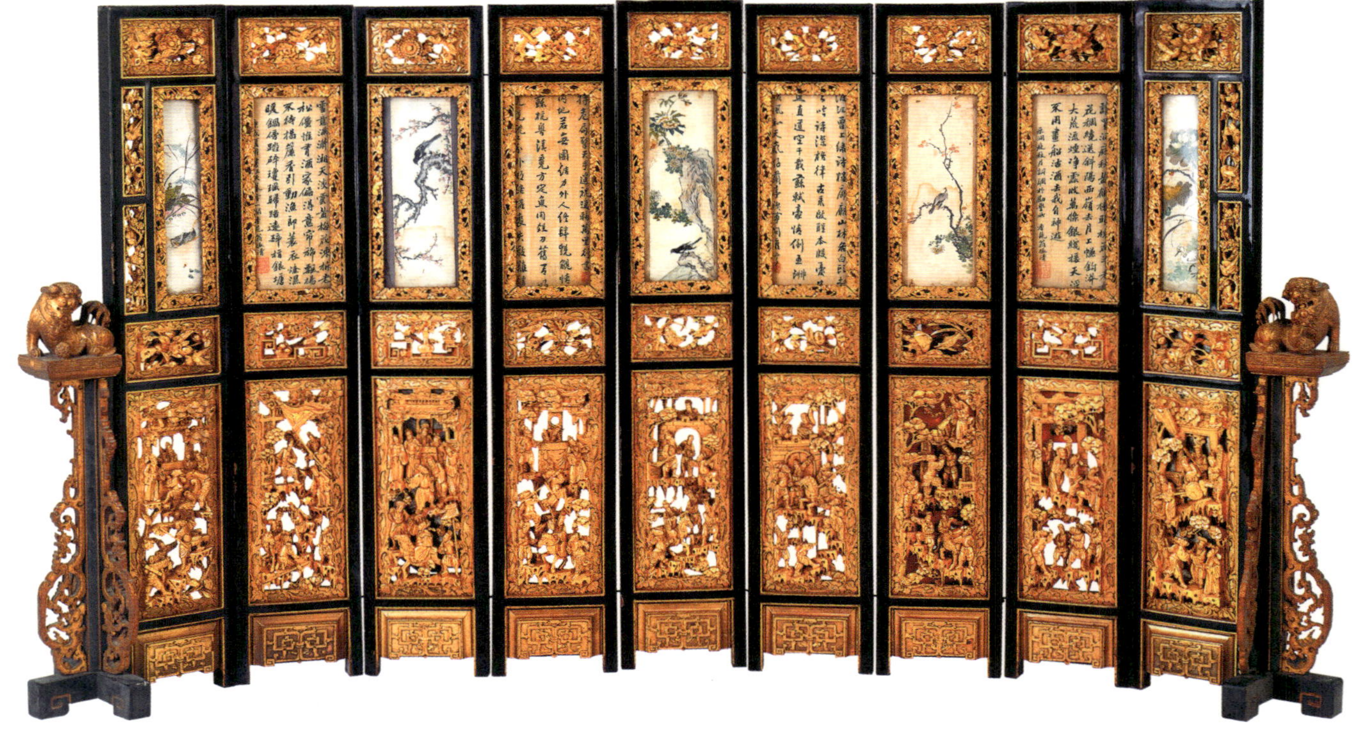

三雕一彩 彩瓷

万缕金丝积白玉

广州彩瓷又称“积金彩瓷”，简称“广彩”，始于清康熙中晚期。其烧制技艺汇广州彩、景德瓷于一体，融北方传统瓷艺彩绘与岭南画派技法、中国彩瓷工艺与西洋瓷艺及绘画技术于一身，以**“堆金积玉”**的技艺特点而别具一格。

广州彩瓷是在白瓷胎面满绘色彩斑斓的图案烧制而成，约有2000多个花色品种，制作工艺包括选瓷、设计、描线、填色、积金、封金斗彩、烧制7个环节。所选瓷胎多来自景德镇，要求洁白如玉，加彩后能显出“万缕金丝积白玉”的特有效果。描线、填色的**彩绘**，是最能体现广彩工艺技巧的重要环节，其绘工精细，既有散花地、积金翎毛、折色人物等独特纹样，又融入岭南画派国画和西洋油画、钢笔画的技法，还形成了满地开光、锦边花心、通连式、满面式等彩绘式样。**积金**是广彩独创的工艺，其以乳金作地色，用以烘托彩绘图案，故又称“积金地”，在晶莹如玉的素白瓷胎上，更显得金碧辉煌且永不褪色。**烧制**为广彩制作的关键，一般需控制在800℃左右的较低温度，成品色彩才达到明亮艳丽的效果。

潮州彩瓷，简称“潮彩”，始于晚清时期，是潮州陶瓷艺人运用新彩颜料，结合传统釉上彩绘艺术而形成独特风格的彩瓷品种。潮彩运用**国画技法**，吸收潮绣、潮州木雕、潮州剪纸、民间绘画（如漆画、墙画、佛画）等传统工艺表现手法，从而形成构图饱满、色彩鲜丽、层次分明、线条流畅、优美生动、格调高雅的特点。

广州彩瓷烧制技艺于2008年入选**第二批国家级非物质文化遗产名录**。潮州彩瓷烧制技艺于2014年入选**第四批国家级非物质文化遗产名录**。

针尖上的艺术

粤绣（广绣、潮绣）在广东有着悠久的历史。广绣是流传于广州及其古属地南海、番禺、顺德等地的民间刺绣工艺，至今已有一千多年的历史。唐代苏鹗《杜阳杂编》中就已有南海少女卢眉娘「工巧无比，能于尺绢绣《法华经》七卷」的记载。

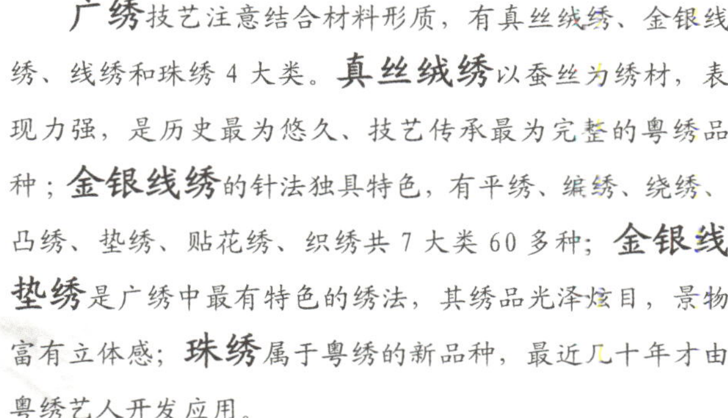

巧妙运用针法丝理
表现物象的肌理

广绣技艺注意结合材料形质，有真丝绒绣、金银线绣、线绣和珠绣 4 大类。**真丝绒绣**以蚕丝为绣材，表现力强，是历史最为悠久、技艺传承最为完整的粤绣品种；**金银线绣**的针法独具特色，有平绣、编绣、绕绣、凸绣、垫绣、贴花绣、织绣共 7 大类 60 多种；**金银线垫绣**是广绣中最有特色的绣法，其绣品光泽炫目，景物富有立体感；**珠绣**属于粤绣的新品种，最近几十年才由粤绣艺人开发应用。

潮绣在唐代就已出现于广东潮州地区，流传至明代已形成风格。它以龙凤、花卉、飞禽走兽、水族人物为题材，成品多用作日常用品、祭祀用品、欣赏用品、戏服装饰品等。其绣法可分为绣、垫、贴、拼、缀 5 种，针法有六角三叠踏针锦、垫棉过金针、双丁鳞、垫绣菊花畔鳞等 200 多种。二十世纪六七十年代，潮绣艺人又开发出新的绣种 **“通锦绣”**，结合了传统潮绣的瑰丽和潮州抽纱的素雅。潮绣许多作品都综合运用了不同的绣法和针法，并有所创新，如潮绣代表作**《九龙屏风》**就运用了五大绣法，其中潮绣独有的**钉金垫浮绣法**使龙的形象栩栩如生。

粤绣工艺自成一家，针法多变，针步均匀，能巧妙运用针法丝理表现物象的肌理。粤绣题材广泛，色彩丰富，注重光和影的和谐运用，同时还能做到 **“工”为“艺”用**，对绣品的艺术效果十分重视。

粤绣（广绣、潮绣）于 2006 年入选**第一批国家级非物质文化遗产名录**。

石湾之陶遍二广 旁及海外之国

石湾陶塑是佛山市禅城区石湾镇及周边地区出产的陶瓷工艺品，广东人称为『石湾公仔』，形成发展于唐至明时期。它原是陶器艺人在劳作之余，信手捏塑，以寄情怀。因为不受约束，喜怒哀乐均出于心底，人物形象生动传神，深受人们喜爱，逐渐形成了专门制作人物陶塑的行当。明屈大均在《广东新语》中说：『石湾之陶遍二广，旁及海外之国。谚曰：「石湾缸瓦，胜于天下」。』

石湾陶塑

信手捏塑 以寄情怀

"石湾公仔"陶塑技艺按实物形态可分为人物陶塑、动物陶塑、器皿、微塑、瓦脊陶塑 5 大类。以**人物造型**为代表的"石湾公仔"陶塑技艺形神兼备，它吸收各种文化艺术精华，高度写实和适度夸张相结合，兼有浓郁的生活趣味和艺术品位，形成了鲜明的地方风格。其制作工艺有构思创作、泥料炼制、成形、装饰、上釉、龙窑煅烧6个环节，其中煅烧的火候全凭师傅的经验心得。龙窑的上中下有高中低 3 种火，分别用于移动烧制物品的不同部位，技艺娴熟的工匠才能把握。石湾公仔上釉别具一格，采用的是一次烧成的**颜色釉**，颜色变换无穷，色彩浑厚朴实。石湾公仔不在人物的肌肤上上釉，以陶土原有的颜色使肌理更加真实，而其他产区的陶瓷工艺品多为全身上釉，质感不强。

石湾陶塑**题材丰富**，既有现实生活又有神话传说。人物、动植物、石山盆景等造型的塑造表现手法多样，既有写意传神、貌似粗率、毫不经意而神采飞扬的意塑，又有注重形肖神传、造型如工笔画一样严谨的工塑。

石湾陶塑技艺于 2006 年入选**第一批国家级非物质文化遗产名录**。

端州石工巧如神 踏天磨刀割紫云

端砚的发源地在广东省肇庆市，因肇庆市古称端州，故称端砚，与湖笔、徽墨、宣纸并称『文房四宝』。端砚创兴于唐代，因下墨如风、发墨如油、不耗水、不结冰、不朽、护毫等优点而闻名于世，被称为『众砚之首』。

端砚的制作过程十分复杂，讲究『石』『工』『艺』三个要素，主要有采石、选料、制璞、设计、雕刻、配盒、打磨、上蜡等工序。

端砚

众砚之首

端砚石主要有紫端石、绿端石、白端石 3 种。**紫端石**在端砚中较为普遍，以紫为主，有紫红、紫蓝、紫黄等多种；**绿端石**是端砚中的特殊成员，又称绿琼；**白端石**洁白如玉，硬度较高。端砚制作中的采石很关键，古代砚坑洞高约 80 厘米，采石工人只能蹲、坐或斜躺着采石。唐李贺有诗赞曰：“端州石工巧如神，踏天磨刀割紫云。”足见采石制砚的艰辛和精细。端砚石质以**老坑(水岩)砚石**最佳，享有“黑如漆，细润如玉，扣之无声，磨墨亦无声”的盛誉。

端溪石多不抗震，所以一直以来端砚生产的各个环节均为手工制作。雕工为**深刻法**，适当选用浅刀，显得深厚、古雅。清代，端砚发展达到空前繁荣阶段，从砚材种类到砚的形制、雕刻技艺都日臻精致。

端砚制作技艺于 2006 年入选**第一批国家级非物质文化遗产名录**。

稀有工艺品种

嵌瓷俗称『聚饶』『贴饶』或『扣饶』，是将许多大小不同、色彩各异的瓷片剪裁后用以镶嵌造型的一种民间工艺美术，多用于建筑装饰。嵌瓷质地坚实，久经风雨烈日而不褪色，在年降雨量大、夏季气温高且常有台风侵袭的亚热带地区，为其他装饰工艺所无法代替，是自成一体、独具特色的稀有工艺品种。

嵌瓷始于明万历年间（一五七三—一六二〇），盛行于清代，其代表有普宁嵌瓷、大寮嵌瓷、潮州嵌瓷等。

质地坚实久经风雨烈日而不褪色

普宁嵌瓷遍布普宁市境内，流行于粤东许多市县，辐射范围远达我国台湾地区以及柬埔寨等东南亚国家。**普宁嵌瓷**主要以色彩鲜艳且精薄的瓷盘、瓷碗、瓷碟、瓷杯、瓷盒、瓷片等为原料，以石灰、红糖、草纸调制的灰浆做镶嵌黏合剂。其制作工艺借鉴绘画和雕塑技法，根据造型设计，分为剪裁和镶嵌两部分。普宁嵌瓷造型生动细腻，釉彩富丽多姿，善于按照建筑结构特点，安排富有吉祥寓意的题材装饰。如在庙宇、祠堂屋脊正面，多饰以大型的“双龙戏珠”“双凤朝牡丹”等；脊头、屋角头多饰以文武加冠的“三星图”立体人物；檐下墙壁则饰以花卉鸟兽、鱼虾昆虫等；照壁上常饰以麒麟、狮、象、仙鹤、梅花鹿等。

大寮嵌瓷分布在汕头市潮南区成田镇大寮乡，其嵌艺精细，造型生动，五彩缤纷，富丽堂皇，且题材广泛丰富，以广为流传的民间传说、历史人物故事和龙凤花鸟大型组合装饰最具特色。

潮州嵌瓷是运用各种彩色瓷片裁剪并镶嵌成平面、浮雕或立体的花卉植物、飞禽走兽、戏曲人物，为建筑物装饰或制成单件摆设的特种工艺。其**艺术特点**是构图雄伟，色彩绚丽，形象生动，质地坚实。

普宁嵌瓷、大寮嵌瓷于2008年入选**第二批国家级非物质文化遗产名录**。潮州嵌瓷于2011年入选**第三批国家级非物质文化遗产名录**。

现代中国传统国画中的创新派

岭南画派是现代中国传统国画中的**创新派**，是中华民族绘画史上一个重要的民族绘画流派，也是继近代海上画派之后具有国际性影响、最成体系的一个画派。岭南画派出现于**民国初年**，提倡“折衷中外，融汇古今”，博取众家之长，以岭南特有景物、现实题材入画，注重写生，色彩丰富，有雄健、清秀、明快等多样风格，富有时代感。

清道光、光绪年间（1821—1908），寓居广州番禺隔山乡（今海珠区昌岗中街）的居巢和居廉兄弟致力于描绘岭南风物，尤其以花鸟画最为擅长，以写生为旨趣，画风清新、灵秀、工致，传承了传统“没骨法”，创新了独具特色的**“撞水、撞粉法”**，居廉还在“十香园”设馆授徒，是岭南画派创始人高剑父、陈树人绘画的启蒙老师。**“二居”**及其学生时称“居派”。

20世纪初期，岭南画派**创始人**高剑父、高奇峰和陈树人积极追随孙中山投身民主革命，参与推翻帝制，建立共和政制的革命活动，均加入了中国同盟会。艺术上他们在师承“二居”绘画风格基础上，将留学日本学到的西洋水彩画、日本画消化融会到国画中，打破了当时中国画坛因循守旧的风气。他们倡导**“艺术革命”**，提出“折衷中外，融汇古今”的理论并付诸实践，其中“折衷中外”的理念和实践最具革命性，时称“新派”“折衷派”（“岭南画派”之称并非创始人提出，乃是后人的说法，自建国后流行已久，成为约定俗成的叫法）。高剑父提倡国画艺术要雅俗共赏，“艺术要民众化，民众要艺术化”，亦在国画坛中注入了新的活力。广州因此在民国时期中国画坛上与北京、上海三足鼎立。

岭南画派**第二代**最杰出的画家关山月、黎雄才、赵少昂、杨善深，传承并发展了**“二高一陈”**的艺术革命思想，并在师承基础上独立探索发展，形成了各自的风格特色。尤其是赵少昂和杨善深，及高剑父的杰出学生司徒奇，在香港、澳门将岭南画派艺术通过授徒、画展传播到亚洲、欧洲、美洲和澳洲各国和地区，发展成海内外都有相当影响的画派。

岭南画派的**代表作品**有高剑父的《东战场的烈焰》《虎啸》，高奇峰的《孔雀》《秋鹰图》，陈树人的《鼎湖飞瀑》《岭南春色》，关山月的《江山如此多娇》（与傅抱石合作）、《羊城春晓》，黎雄才的《红叶栖禽》《庐山仙人洞》，赵少昂的《月夜猿啼》《木棉红占岭南春》，杨善深的《雄鸡报晓》《万古长青》等。

岭南画派打破艺术的国界，开放兼容、创新发展的思想，启发和引导了许多画坛同辈和后人，为现代国画发展提供了新的途径。岭南画派勇于冲破传统的绘画理论和方法，对推动传统中国画向现代转型，推动中国画的创新发展做出了不可磨灭的贡献。岭南画派所提倡的“取材生活、反映现实、面向群众、雅俗共赏”的**艺术理念**，在今天仍具有现实意义。

闻名海内外的特色

真丝衣服面料

顺德香云纱为目前世界上罕有的用纯植物染料染色的真丝绸面料，是以丝罗织物与平纹织物为坯绸，经特殊染整的复杂加工而成。其以多年生藤本植物**薯莨**茎块的汁液为主要染料，工艺流程有浸莨水、晾晒、洒莨水、封莨水、煮练、卷绸、过泥、洗涤、晒干、摊雾、拉幅、整装等 10 多道工序，且操作规程严格而十分繁复。先把绸匹置于浓度最高的薯莨水中浸泡，需时半天，并要用手不断翻动，随后要在绸匹上淋洒涂扫薯莨液 6 次，再置于封槽中用莨水浸泡20次，其间还要在摄氏45～50℃的莨水中，把绸匹煮练 2 次。**过泥**是染整中最为关键的工序，需把灰黑色的纯净河泥搅成糊状，薄敷于经多次莨水浸泡的绸面，让薯莨中的单宁与河泥中的高价铁离子发生化学反应而把绸面染成黑、褐色，此项操作要在夜间进行，天亮前完成，以免因阳光照射把底面染黑。过泥后经洗涤晒干，还要于黄昏时分把绸匹摊于草地上软化，才算最后完成，前后历时 15 天。染整中的浸、洒、封、煮、洗达几十次之多，不仅有严格的时间控制，且每进行一次就要把绸匹平摊在密植了青草的沙质晒地上晒干一次，反复充足的光照，又催化了绸面鲜亮色泽的形成。

手工染制的顺德香云纱，质地轻薄、柔软、凉爽、耐汗、易洗、快干，是适合热带、亚热带地区的上好夏季衣料，且带有金属和珍珠般的光泽，以其制作的衣服被海外人士喻为**“黑色闪光珍珠”**服装，还具有贮存或穿着时间越长越柔软、亮泽、舒适的特点。

香云纱染整技艺全靠手工操作，迄今现代科技机械尚无法取代，在丝绸染整上极具代表性和工艺价值，于 2008 年入选**第二批国家级非物质文化遗产名录**。

黑色闪光珍珠

香云纱原名响云纱，俗称『莨纱绸』，是闻名海内外的特色真丝衣服面料。地处珠江三角洲水网地带的佛山市顺德区，植桑养蚕缫丝历史悠久，清中叶以后，随着广州对外通商频繁，顺德缫丝业蓬勃发展，至民国初年，香云纱应运而生，并以与众不同的品质迅速风行，远销欧、美、印度、东南亚，成为贵极一时的时髦衣料。由于穿在身上走路会『沙沙』作响，因此最初叫响云纱，后谐音称为香云纱。

舞醒狮
人龙舞
蜈蚣舞
英歌舞
禾楼舞
广东南拳

舞动乾坤

舞醒狮

中华一绝

狮子在中国人心目中为**瑞兽**，象征着吉祥如意，舞狮活动寄托着民众消灾除害、求吉纳福的美好意愿。每逢节庆或重大活动，必有醒狮表演助兴。醒狮活动也成为海外同胞认祖归宗的**文化桥梁**。

醒狮融武术、舞蹈、音乐等为一体，讲究的是意在和神似。表演时，锣鼓擂响，舞狮人先打一阵南拳，这称为**“开桩”**，然后由两人扮演一头狮子耍舞，另一人头戴笑面“大头佛”，手执大葵扇引狮登场。舞狮人动作多以南拳马步为主，狮子动作有“睁眼”“洗须”“舔身”“抖毛”等。表演的主要套路有**“采青”**“高台饮水”“狮子吐球”“踩梅花桩”等。其中“采青”是醒狮的精髓，有起、承、转、合等过程，极具戏剧性和故事性，又派生出多种套路，广泛流传。在岭南民俗中，“采青”寓财源广进之义。

湛江市的**遂溪醒狮**在表演上从传统的地狮到凳狮、高台狮、高竿狮，又发展到桩狮。桩狮的难度不断增大，如增加了走钢丝、腾空跳等表演类。最高的桩接近3米，跨度最大达3.7米，充分体现了“新、高、难、险”的特色，被誉为“中华一绝”。广州市的**沙坑醒狮**通过在地面或桩阵腾、挪、闪、扑、回旋、飞跃等高难度动作演绎狮子喜、怒、哀、乐、动、静、惊、疑八态，表现狮子的威猛与刚劲。

广东醒狮于2006年入选**第一批国家级非物质文化遗产名录**。

海外同胞认祖归宗的文化桥梁

醒狮，属于中国狮舞中的南狮。历史上由唐代宫廷狮子舞脱胎而来。五代十国之后，随着中原移民的南迁，舞狮文化传入岭南地区。明代时，醒狮在广东出现，起源于南海县。现流传于广东、广西地区及东南亚各国华侨中。在广东境内主要分布在佛山、湛江、广州等市。

中华龙文化的延伸与发展

人龙舞是一种在节日喜庆场合表演的传统舞蹈形式。湛江市东海岛东山镇东山圩村的人龙舞素有『东方一绝』的美称。传说湛江人龙舞大约始于明末，被清军大败的明军撤退到雷州半岛和东海岛，适逢中秋，地方百姓为鼓舞明军士气，编排了这个舞蹈。此后人龙舞便在当地流传开来，清乾隆、嘉庆年间（一七三六—一八二〇）达到鼎盛。

人龙舞

东方一绝

人龙舞是东海岛特殊社会历史因素与地域自然条件的产物，它将古海岛群众娱龙、敬龙、祭海、尊祖、奉神等多种习俗融入“人龙”之中，形成了自创一体、别具一格的龙舞表演形式和**“人龙”**精神。

湛江人龙舞有起龙、龙点头、龙穿云、龙卷浪等独具特色的表演程式。表演时，几十至数百名青壮年和少年均穿短裤，以人体相接，组成一条**“长龙”**，远望动感十足，近观粗犷雄壮。表演者练就了快速托人上肩的稳健动作和步法，队形流畅多变，动作一气呵成。在锣鼓震天、号角齐鸣中，“长龙”龙头高昂，龙身翻腾，龙尾劲摆，一如蛟龙出海，排山倒海，势不可挡，表现出独特的**海岛色彩**和浓厚的乡土气息。

每逢春节、元宵、中秋佳节和一些重大**喜庆节日**，东海岛**东山圩村**必连舞几个晚上“人龙”，东西两街户户张灯结彩，家家倾巢而出，人流如潮，热闹非凡。湛江人龙舞是东海岛乃至雷州半岛经久不衰的民间风俗和大型广场娱乐活动，成为中华龙文化延伸与发展的重要组成部分。

湛江人龙舞于2006年入选**第一批国家级非物质文化遗产名录**。

气势雄浑　刚柔并济　亦庄亦谐

蜈蚣舞主要分布于汕头市澄海区原西门乡。清同治、光绪年间（一八六二—一九〇八），西门乡人陈成锦和石文勇从蜈蚣独有的爬行姿态中获得灵感，首创了这一广场性的大型动物舞蹈，至今已有一百多年历史。

在一般人的眼里，蜈蚣是容易让人生厌的毒虫，但艺人们模仿蜈蚣的神态和习性动作，将一条**百足蜈蚣**演化成为一种气势雄浑、刚柔并济、亦庄亦谐的展示动物形态的舞蹈。

蜈蚣道具造型**形神兼备**，头部酷似狮头，嘴两侧一对弯弯的利牙，两眼透出绿光，尾部呈剪刀形，身长22米，用硬、软28节布框衔接，屈伸自如，裹布绘以形状鲜明的**朱红色节甲**，斑斓艳丽，雄壮威武。

蜈蚣舞表演时，由1人擎彩珠带引，15人藏身蜈蚣腹下，弯腰屈腿，运用“丁字马”“弓步”“观音坐莲”等武术步法，操纵蜈蚣蜿蜒爬行，穿梭盘绕，变化出“2”“3”“6”“7”“8”“水波纹”“盘梅花点”等队列图形，把蜈蚣的神态习性模仿得**惟妙惟肖**。舞蹈由“彩珠引路”“快速出洞”“晃头摇身”“上下摆尾”“蜿蜒盘旋”“悬空翻肚”“吐烟喷焰”共7个环节组成，其中**“悬空翻肚”**技巧要求最高。蜈蚣舞风格稳健而又富有气势，尤其夜间起舞，13节硬框内烛火点燃，通体透亮，剪式尾巴摇曳高翘，加上焰火辉映，蔚为壮观。

历代蜈蚣舞融音乐、舞蹈、武术、制作工艺于一体，已成为独具**民俗文化特征**的综艺性娱乐节目，更成为旅居海外乡亲见之思乡的表演。

蜈蚣舞于2008年入选**第二批国家级非物质文化遗产名录**。

蜈蚣舞

蜈蚣献瑞

北有安塞腰鼓　南有普宁英歌

英歌舞是汉民族民间广场群体舞蹈的一种形式，盛行于广东潮汕地区，尤以普宁、潮阳为最著名。民间以『英歌』为扬正压邪、吉祥平安的象征，认为跳英歌舞是『好彩头』。从前多在传统诞庆和游神赛会举行，意在驱邪接福。如今则多在重大节日庆典演出，与经济文化活动相结合。

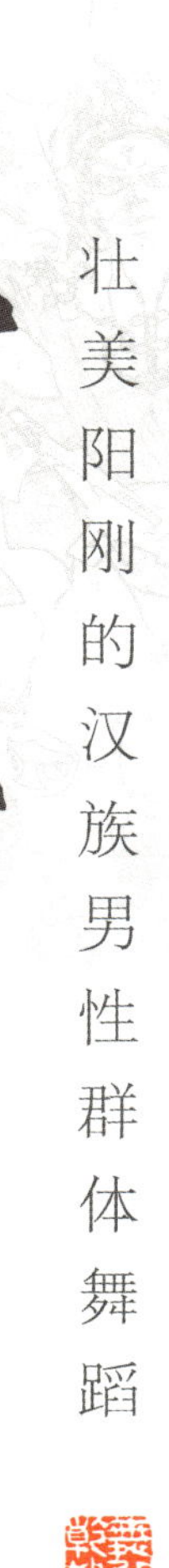

英歌舞

壮美阳刚的汉族男性群体舞蹈

普宁英歌是一种壮美阳刚的汉族**男性群体舞蹈**，主要表现梁山泊英雄攻打大名府的豪情斗志和英雄气概。普宁英歌获得“北有安塞腰鼓，南有普宁英歌”的美誉，迄今已有300多年的历史。表演队伍人数少则24人或36人，多则72人，最多可达108人。表演者勾画风格独特的脸谱，按梁山泊英雄形象造型，穿武士服，紧身短打，手执特制双短棒叩击起舞，并配以锣鼓、螺号节奏。表演时队列图形**变化丰富**，有“双龙出海”“猛虎下山”“麦穗花”“田螺圈”等样式，动作套式亦五花八门，有“步田”“洗街”“旋槌”“槌花”等形态各异的舞姿动态，形成特有的动律，场面恢宏，气势磅礴。普宁英歌表演风格威猛、雄浑、粗犷、豪迈，体现了中华民族果敢、坚强、团结战斗、勇往直前的可贵品格和精神风貌。

潮阳英歌是汉族民间广场舞蹈和傩文化形态的延续，至明代吸收北方大鼓子秧歌，逐渐演化为英歌舞，成为潮阳地区一种具有独特表现形式的民间舞蹈艺术。潮阳英歌集戏剧、舞蹈、武术于一体，极具阳刚之气。它在实践中形成一些不同的流派风格，按舞蹈节奏的板式划分，大致可分为**慢板英歌、中板英歌**和**快板英歌**3种。

普宁英歌、潮阳英歌于2006年入选**第一批国家级非物质文化遗产名录**。

远古稻作文化的活化石

禾楼舞是岭南一种十分古老的舞蹈，分布于云浮市郁南县连滩镇及其周边地区。据专家学者考证，东汉时期南江流域土著乌浒人的歌舞即为其雏形，距今已近两千年历史。禾楼舞经历了从乌浒人至瑶族到汉族的相继传承，并融入了道教的文化元素，逐渐演变为庆丰收、盼太平的传统民间舞蹈。

禾楼舞

庆丰收 盼太平的传统民间舞蹈

传说远古南江地区连年旱灾，遍野饥荒，神农氏便派曾孙女禾花仙女前去解救，最后禾花仙女挤出自己的乳汁，把枯萎的禾苗救活，使干瘪的稻谷饱满，让饥民获得了大丰收。为了感念**禾花仙女**的恩德，人们就在每年丰收之夜跳起**禾楼舞**，并在连滩五显庙立禾花仙女的神像祭祀。

禾楼舞多在立冬后十日的**夜间**举行，地点或在社坛、庙宇前，或在田间、河滩。表演人数一般为21人，其中领舞巫师1人、舞队为10男10女。表演时，场上设有由竹、木、稻草搭建的四方状禾楼，燃起火堆。舞者均戴面罩，头顶斗笠，足蹬麻鞋，身穿黑衣。男挂牛角号，腰束围巾；女挂藤环，绣图饰物披肩；巫师则头戴莲花冠，系红色间黄披肩。在节奏强烈的锣鼓乐和唢呐声中，巫师左手举起牛头锡杖，右手摇动系有彩带的铜铃，引领高举竹筒火把的男舞队和手捧稻穗的女舞队，一边唱着禾楼歌，一边做摆身、摇手、踏足等动作，向着东南西北四方起舞；接着是过火门、拜天地；最后女舞者双手高举稻穗，以示**庆祝丰收**，祈求上天赐福。

禾楼舞是远古稻作文化的活化石，在文化学、民族学、民俗学、宗教学和岭南民间舞蹈史研究上均具有重要历史价值，于2008年入选**第二批国家级非物质文化遗产名录**。

广东南拳

中国武术主要流派之一

广东南拳有300多种，除"洪、刘、蔡、李、莫"五大名家外，还有蔡李佛拳、咏春拳、侠家拳、龙形拳等。广东南拳虽拳种浩繁，风格各异，但多以**短打**为主，以**手法**见长，力求手法多变，少用腿法，进退之间，步步为营，稳扎稳打，极少有高腾跳跃动作，动作紧凑，以气催力，伴有发声。民间向有**"南拳北腿"**的说法。

蔡李佛拳气势磅礴，别具一格，有"南拳北派化"之称。其拳派体系庞大，内容众多，主要套路有拳术、对拆类、器械类、桩类练习法、狮艺套路、内功练习套路等193套。蔡李佛拳有"定步如座钟，活步如浮云"之喻，腿法凌厉而速疾，手法全面，长、中、短桥并用，其中**"姜子槌"**是该派独特之手型。历经170多年的发展，世界各地已有50多个国家和地区300多万人习练和爱好蔡李佛拳，成为国际武术竞赛套路（南拳）的主要来源，并享有"北有太极，南有蔡李佛"的赞誉。蔡李佛拳于2008年入选**第二批国家级非物质文化遗产名录。**

咏春拳具有刚柔并济、连消带打、巧打为主的特点，在技击中注重忽左忽右、灵活快速的偏身转换。主要技击技巧为短桥寸劲，出手桥段紧密不疏，不露破绽，不失重心，贴近对方时才突发劲力，更具隐蔽性和突发性，令人难以揣测防范。手势以阴阳手为主，两只手阴阳相对，不断变化交换，协调灵动，极具太极意蕴。咏春拳自卫防身和强身健体的功能尤显突出，已成为世界上最流行的拳术套路之一。咏春拳于2007年入选**广东省第二批省级非物质文化遗产名录**。

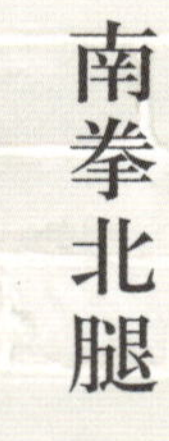

南拳北腿

南拳是中国武术主要流派之一，泛指流行于南方各地的诸多拳种。其历史悠久，据《小知录》记载，在明代有『使拳之家十一』，南拳即为一家，可知明代已成拳系。南拳传播范围广泛，形成种类繁多的拳种和门派，其中两广及福建南拳最具代表性。

张九龄为开元贤相，维护『开元盛世』，凿通大庾岭新道，便利了岭南岭北交通；以凝练质朴、雅正雄厚相号召，扫除六朝绮靡风格影响，开盛唐清和雅健诗风。

明代心学先驱与奠基者、广东唯一从祀孔庙的鸿儒陈献章，以『天地我立，万化我出，宇宙在我』的心学世界观，创立江门学派，破程朱理学理论格局，为阳明心学的思想先驱。

明末清初屈大均兼具诗人、遗民志士、儒者、游侠、僧人等多重身份，以诗言志，砥砺名节，致力于广东的文献、文物、掌故的搜罗、研究、编纂，其经世致用思想，至今仍有现实意义与价值。

近代以降，民族矛盾、阶级矛盾、社会矛盾异常激烈复杂，在三千年未有的历史大变局中，郑观应以《盛世危言》揭开中国民主与科学的序幕；黄遵宪坚持『我手写我口』的创作观念，践行诗界革命、思想改革，成为中国近代文学走向世界的杰出代表；康有为号召政治改革、参与戊戌变法，推动中国近代政治革新和思想启蒙；梁启超以融汇古今、纵览中外的过人才华和卓越识见，宣传号召、著述创作涉及人文社会科学的诸多领域，以百科全书式的渊博通达展现了二十世纪前期中国思想文化的深刻变革；孙中山『起共和而终帝制』，以『知难行易』观念为基础，借鉴西方政治思想创立三民主义，创建中华民国，以先知先行之识、不断革命之志开创了中国近代民主革命大业。

所有这些，都展示了岭南大地『郁郁乎文哉』的蓬勃气象，也反映出岭南思想中蕴含的强大生命力和不断创造的革新精神。

我们的人物名片中，还有人民音乐家冼星海，中国稻作之父丁颖，中国现实主义电影的奠基人蔡楚生，国学大师陈垣。虽然他们在历史的长河中已与我们渐行渐远，但他们留下来的精神遗产却已融化在我们的心灵，成为岭南文化的珍贵遗产和精神财富。

历史是一本含意丰富、启示深刻的教科书，历史也是一面考察现实的镜子，令我们追古思今，瞩时怀远。那些可歌可叹的故事，那些无穷无尽的传奇，那些常温常新的功业，那些不绝不灭的音容，永远铭刻在我们心中，成为我们与世界交往的名片，成为我们精神的阳光雨露和内在的生命之源。

岭南历代杰出人物宛如历史天空闪烁的星星，将历史的回声传向未来，用未来的图景照耀我们，激励我们奋勇前行。

我们承继前人留下珍贵文化遗产的同时，也为先辈感到无比自豪，更为实现今天和明天的梦想注入了强大的精神动力。

百代英杰泽惠

岭南钟灵毓秀，山川烨烨生光，英杰辈出，史迹昭昭炳蔚。

千百年来，广东人秉岭南山川之秀，承岭南人文之惠，以『敢为人先、务实进取、开放兼容、敬业奉献』的精神，改革创新，奋斗不息，涌现了许多引领时代潮流的先贤。

他们谱写出一段段彪炳千古的史诗传奇，开辟了岭南经济社会发展的一条条崭新航道，在中华民族的文化星空中，闪耀着不可磨灭的光辉。

『江山代有才人出，各领风骚数百年。』

从汉唐南粤先贤到明清思想群英，从近代民主先驱到当代风流人物，当我们打开史册，涌入眼帘的是那么多『创世纪』式英杰，为岭南政治史、思想史、文化史做出了卓越贡献。

赵佗采取『和集百越』政策，促进了集独特性与兼容性于一身的岭南文化形态的生成与发展。

冼夫人保持岭南安定，促进民族融合，维护国家统一，明识远图，贞心峻节，历三朝而不改。

六祖惠能以『直指人心，见性成佛』的顿悟之教，推动中国佛教革新，实现了印度佛教中国化、玄学佛教生活化、贵族佛教平民化、义理佛教实用化。

赵佗
冼夫人
惠能
张九龄
陈献章
屈大均

粤前贤

南越国开国君主

秦始皇二十八年（前 219）前后，秦始皇派统帅屠睢带领 50 万将士分五路进击百越，结果屠睢被杀，秦军将士伤亡惨重，战争进入相持阶段。后秦始皇再次部署，命**任嚣**为主帅，赵佗相辅。由于两人既懂军事、对越人又讲策略，秦军终于秦始皇三十三年（前 214）**统一岭南**。随即秦王朝在番禺（今广州）设南海郡治，命任嚣为郡尉，赵佗为南海郡龙川县令。

始皇崩，中原战乱。豪杰叛秦相立，群雄虎争天下。赵佗受任嚣生前嘱托，接任南海郡尉。又依任嚣“可以立国”之言，兴兵绝道，兼并桂林郡和象郡。西汉高帝四年（前 203），赵佗以番禺为都，建立南越国，自称**南越武王**。

汉高祖刘邦统一天下后，特派**陆贾**出使南越，规劝赵佗归汉。赵佗顺势而为，接受陆贾建议，**归化中央政权**，西汉高帝十一年（前 196）受封为**南越王**。

刘邦病逝后，吕后听信谗言，禁绝汉越互市，汉越交恶。西汉高后五年（前 183），赵佗脱离汉朝，自称**南越武帝**。此后，赵佗多次发兵攻打长沙边邑。南越国势力渐涨，闽越、西瓯、骆越等国或部族皆称臣属。

西汉文帝元年（前 179），汉文帝即位后，再次派遣**陆贾**出使南越，说服南越归汉。赵佗以国家统一为重，同意**去除帝号**，与西汉修好，直到汉景帝时代。西汉建元四年（前 137），赵佗无疾而终，享年逾百。

赵佗作为**第一代**南越王，在历史上做出了杰出贡献。**政治上**仿效汉朝实行郡国并行制；**经济上**推行重农政策，积极从内地引进铁制农具和猪牛羊等牲畜，大力推广中原地区先进的生产技术；**文化上**尊重岭南本土文化，促进中原先进文化在岭南传播；同时推行**“和集百越”**政策，尊重越人习俗，倡导汉越通婚，吸收越人参与政权管理。他在位 67 年期间采取的一系列措施推动了岭南社会政治、经济、文化的快速发展。他是开发岭南、经营岭南且卓有成效的历史第一人，是处理民族关系的优秀代表，是一位审时度势、注重大局的出色政治家，是中国历史上特别是汉代历史和岭南历史中的杰出人物。

赵佗

开发岭南 经营岭南 且卓有成效的历史第一人

赵佗（约前二四〇—前一三七），南越国开国君主，河北真定（今正定）人。

维护国家统一 促进岭南地区民族融合

冼夫人（五二二—六〇二），又称冼太夫人，史称谯国夫人，民间称锦伞夫人，南北朝时期高凉郡（今广东高州、电白一带）人。六世纪时岭南杰出民族领袖，被誉为『中国巾帼英雄第一人』，被百姓尊称为『圣母』。《隋书》《北史》《广东通志》为之立传，《资治通鉴》之『梁纪』『陈纪』『隋纪』皆有记载。

中国巾帼英雄第一人

冼夫人

冼氏世代为**越族俚人**首领，夫人自幼贤明，善于筹略，能行军用师，抚循部众，压服诸越，信义结于本乡，成为少年女英雄。

梁大同初年（约535），罗州（今广东化州）刺史冯融闻夫人志行，为其子高凉太守**冯宝**求婚，夫人嫁予冯宝。

冯融为北燕苗裔，三世为罗州守牧，因他乡羁旅，号令不行。夫人成亲之后，诫约本宗，服从政令，协助冯宝断决狱讼，有犯法者，虽是亲族，无所舍纵，使得一州**“政令有序，人莫敢违”**。

梁大宝元年（550），高州刺史李迁仕暗通侯景谋反，夫人突出奇兵大败李迁仕，于平叛中，结识交州刺史陈霸先。次年，协助陈霸先擒杀叛将李迁仕，论功封为**“保护侯夫人”**。

陈永定元年（557），陈霸先称帝。永定二年（558），冯宝卒，岭南大乱。夫人团结**百越**，安定地方，数州晏然。

陈太建二年（570），广州刺史欧阳纥反。夫人誓为忠贞，不顾儿子冯仆已被欧阳纥诱捕，发兵拒境，与陈朝军队全力击溃叛军。冯仆以夫人之功，封为信都侯，加平越中郎将，转石龙太守，册封夫人为**“石龙太夫人”**。

陈朝亡，岭南未有依附，数郡共奉夫人，尊为“圣母”。隋开皇九年（589），夫人确知陈亡，召集首领数千人“尽日恸哭”，然后率众归附隋朝。朝廷感其顾全局、识大义，册封为**“宋康郡夫人”**。

隋开皇十年（590），番禺王仲宣反，诸州跟叛。夫人出兵平息叛乱后，又护卫隋朝诏使巡抚诸州，令各地越族首领接受隋朝封赐，岭南从此安定。翌年，**隋文帝**为表其功，拜夫人之孙冯盎为高州刺史，冯暄为罗州刺史，追赠冯宝为广州总管、谯国公，册封夫人为**“谯国夫人”**。

冼夫人将近80岁时力请朝廷惩治贪官污吏，上书朝廷揭露番州总管赵讷贪虐罪状，卒使绳之以法。隋仁寿二年（602），夫人于海南巡视途中辞世，谥封**“诚敬夫人”**。

冼夫人恩播百越，深受人民爱戴，先后有七朝君王敕封，历代奉祀夫人的庙宇与记载夫人功绩的碑刻，遍及岭南高、雷、化、钦、廉、琼各州及东南亚各国。

冼夫人历经梁、陈、隋三朝约80年，其军事、政法活动横跨南越10余州。冼夫人毕生向化中原，安抚俚僚，海南等地俚人慕名归附者千余峒，对维护国家统一、促进岭南地区民族融合做出了巨大贡献，成为两千多年来**爱国主义**的典范。

高州冼太庙于2002年被列为第四批广东省文物保护单位，2006年被列为首批“全国民族团结进步教育基地”。2014年，**隋谯国夫人冼氏墓**被列为第七批全国重点文物保护单位。

唐武德三年（620），惠能父亲卢行瑫被贬迁流放至新州。惠能出生于**唐贞观**十二年(638)，3岁丧父，家贫，年稍长，鬻薪事母，与寡母李氏艰辛度日。

惠能自称不识字。卖柴后常驻足新州城南金台寺，闻僧人诵经。一日，偶闻诵**《金刚经》**，内心领悟，自感与佛有缘，遂发心学佛。唐龙朔元年（661），辞别老母，到黄梅（今湖北黄梅）东山寺，谒禅宗五祖弘忍。初为行者，后以**“菩提本无树，明镜亦非台。本来无一物，何处惹尘埃。”**一偈受五祖赏识。五祖以此偈体现禅宗万法皆空、心自有佛、顿悟成佛的空无教旨，便夜授禅法，秘传衣钵。为逃避争夺继位权的争斗，惠能承衣钵南归，辗转流徙于广东四会、怀集等地，隐居长达15年。

唐仪凤元年（676）正月，惠能在广州法性寺（今光孝寺）以著名的**“风幡之辩”**一鸣惊人，出示衣钵，剃度受戒，开坛讲经。翌年春，惠能离开法性寺，北上韶州曹溪宝林寺（今广东韶关南华寺）树立法幢，继承东山法门，力倡“直指人心，见性成佛，不立文字，教外别传”，弘扬“净心”“顿悟”，建立了南宗曹溪法门，传教弘法长达37年。唐先天二年（713）七月初八，惠能率弟子回到新州。是年八月初三，惠能圆寂于新州国恩寺，享年76岁。六祖惠能真身供奉在今**南华寺六祖殿**内。

由惠能大师开示、门人法海等结集整理而成的**《六祖坛经》**，是中国僧人著述中唯一被称作“经”的佛教典籍，是惠能禅学思想的集中体现。它的问世标志着**中国禅宗**的真正形成，对中国佛教文化和哲学思想的发展产生了深远的影响。目前《六祖坛经》已有日、韩、英、法、德、西班牙文等多种译本，其中仅英译本就有12种版本。如今，《六祖坛经》已成为世界著名经典著作，为人类社会和平与发展发挥积极作用。

惠能对佛教进行了全面的改革，使外来的佛教“中国化”“平民化”“务实化”，使南宗禅成为中国佛教的主流，是中国禅宗实际意义的创始人。南宗禅深刻影响了唐以来的中国哲学思想和文化艺术，禅文化也成为中国优秀传统文化的重要组成部分。20世纪，禅宗进入欧美等西方国家，禅宗的传播遍及五洲，禅宗文化引起了世界的关注。惠能对中国佛教、岭南思想文化、中华思想文化乃至世界思想文化的贡献获得了世人的高度评价。六祖禅学思想在世界哲学思想史上具有重要地位。

国恩寺作为惠能故居和圆寂之所，与惠能祝发道场光孝寺、弘法道场南华寺并称“六祖三大祖庭”。1961年，**光孝寺**被列为第一批全国重点文物保护单位。1989年，**国恩寺**被列为第三批广东省文物保护单位。2001年，**南华寺**被列为第五批全国重点文物保护单位。

中国佛教禅宗六祖
南宗禅的开创者

惠能

菩提本无树　明镜亦非台
本来无一物　何处惹尘埃

惠能（六三八—七一三），唐代高僧，中国佛教禅宗第六代祖师，南宗禅的开创者。俗姓卢，唐代新州（今广东新兴县）夏卢村人，祖籍河北范阳（今河北涿州）。

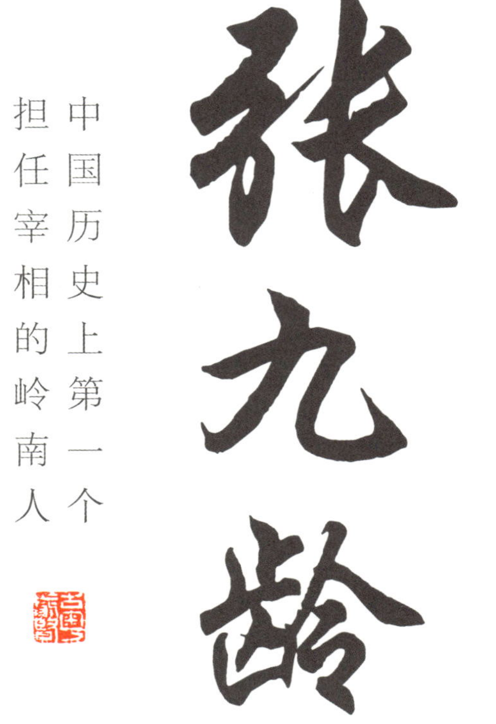

张九龄

中国历史上第一个担任宰相的岭南人

张九龄从小聪明敏捷，擅长**辞章**，唐长安二年（702）中进士，后任右拾遗，迁左补阙（以谏言为职）。当时吏部考试选拔人才与应举者，常由他和赵冬曦评定等第，时称平允。唐开元四年（716），因“封章直言，不协时宰”，招致紫微令（属宰相职）姚崇不满，张九龄告病南归，见岭路险要难行，遂奏请并获准主持开凿**大庾岭路**。张九龄亲自勘测开凿线路，招募民夫，用木柴火烧石面，引水浇石，使坚硬崖石裂破，开凿搬走。经过三个多月，凿通了30余里、“方五轨”的新道，又设置驿站、宿所，路旁广植梅花。重修此路两年后，因修建大庾岭路（即梅关古道）有功，而被召入京，拜左补阙。因宰相张说举荐，数年中官职累迁，历任中书舍人、秘书少监等职。

唐开元二十一年（733），授中书侍郎、同中书门下平章事（宰相），兼修国史，主理朝政。为相正直贤明，不避利害，敢于谏言。**玄宗**怠于政治，张九龄常评论得失。曾劾安禄山狼子野心，奏请唐玄宗将其斩首，以绝后患，但未获批准。张九龄奖励后进，主张不循资格用人，曾提拔**王维**为右拾遗，卢象为左补阙。

唐开元二十四年（736），被**李林甫**等人所谮，改任尚书右丞相。开元二十五年（737）罢相，被贬为荆州大都督府长史。3年后，在家乡曲江病逝，享年62岁，谥**“文献”**。张九龄去世后15年，安史之乱爆发，他生前一再给唐玄宗发出的警告，不幸言中。

张九龄是中国历史上第一位担任宰相的**岭南人**，有“当年唐室无双士，自古南天第一人”的美誉。一生三度入朝，在朝廷任职20余年，历任右拾遗、左补阙、中书舍人、秘书少监、中书令等职，**“开元之治”**凝结着张九龄的不朽功绩。在位期间，张九龄为政清廉，刚直不阿，敢于犯颜直谏，竭力匡扶社稷，在政治、经济、军事等方面积极推行务实而有远见的改革，为巩固“开元盛世”和防止唐朝由盛转衰做出了重要贡献。

张九龄不仅是一位审时度势、锐意改革的政治家，还是第一位在诗坛上产生巨大影响的岭南诗人。他与**陈子昂**共同反对齐梁文风，提倡汉魏风骨，宏大清淡雅正风格，致力开创盛唐诗风，曾对王维、孟浩然、常建、韦应物等诗人产生重大影响，号称**“岭南诗祖”**。明屈大均指出“粤人以诗为诗，自曲江始”；又云：“东粤诗盛于张曲江公。公为有唐人物第一，诗亦冠绝一时”。有《曲江集》二十卷传世，其诗长于比兴，寄托深远，并对岭南诗派的形成起到开创作用，代表作《感遇》12首，其中《望月怀远》中的**“海上生明月，天涯共此时”**成为千古绝唱。

张九龄立朝谔谔，风仪秀整。唐玄宗曾说：“每见九龄，精神顿生。”张九龄死后，宰执荐举公卿，玄宗屡问：“风度得如九龄否？”后世称誉张九龄的历史功绩、刚直气节和政治远见为**“曲江风度”**，成为中华民族的宝贵精神遗产。

张九龄家族墓地位于韶关市北郊罗源洞山麓，是广东省具有代表性的唐代大墓，于1978年被列为第一批广东省文物保护单位。

立朝谔谔 风仪秀整的『曲江风度』

张九龄（六七八—七四〇），又名博物，字子寿，西汉留侯张良之后，韶州曲江（今广东韶关）人，世称『张曲江』。唐开元年间（七一三—七四一）贤相，唐代最著名的岭南诗人。

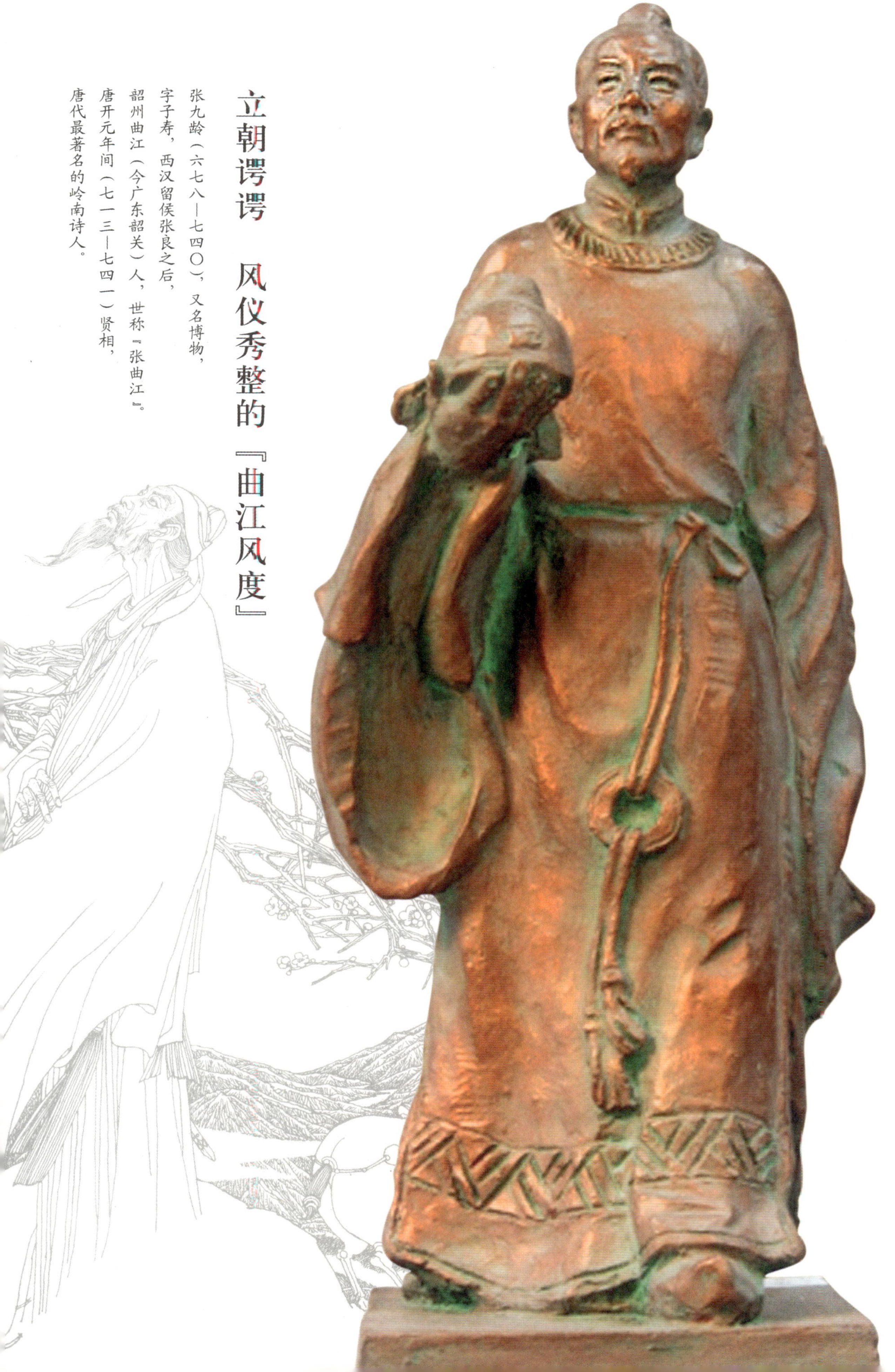

开创理学『岭南学派』

陈献章（一四二八—一五〇〇），字公甫，号石斋，别号碧玉老人、玉台居士、江门渔父、南海樵夫、黄云老人等，广东新会都会村人，因居住江门白沙村，世称白沙先生。明代理学家、教育家、书法家、诗人，有『广东第一大儒』之誉。

陈献章

广东第一大儒

陈献章推崇先儒“学贵知疑”和独立思考精神，主张“学贵乎自得”，反对标榜门墙、不求自得的学风，开创理学**“岭南学派”**（即“江门学派”）。其学宗濂洛之主静，接洙泗之心源，“以自然为宗，忘己为大，无欲为主”，认为“道为天地之本”，将“道”称为“理”，“心即理也”。“此理干涉至大，无内外，无终始，无一处不到，无一息不运。会此，则天地我立，万化我出，而宇宙在我矣”。此说上承宋儒理学余绪，下启明儒心学先河，对明清思想界有较大影响。其学术思想为王阳明心学思想的先导，提出“道物不离”“道能于扬”“物外无道”的心学法门。

陈献章的教育思想奉行**有教无类**，主张**寓教于乐**，提倡“自得”“知疑”，注重启发教育。其教学方法与众不同：先静坐，后读书；多自学，少灌输；勤思考，取精义；重疑问，求真知；诗引教，哲入诗。他在教学上诲人不倦，除讲授经史文学等课程外，力创新旨，唯务实际，课余时间，常与学生在旷野间练习骑马射箭。

陈献章擅诗文，工书法，善画梅。其诗得李杜之技巧，而兼周邵之情思，语言朴实简洁，诗风雅健平易，诗境清逸自然。工书法，宗欧（阳询）颜（真卿），草书雄劲崛张，用笔厚重，创茅龙笔，所书自成一家，世称**“茅龙书”**。善画**墨梅**，以洁行自况。陈献章一生述而不作，虽标榜**“只对青山不著书”**，但以诗为教，以诗载道，其心法学说之都寓于诗文之中，留存各种体裁的诗作达 1977 首。今人编为《白沙子全集》《陈献章集》等。

陈白沙祠于 1979 年被列为第二批广东省文物保护单位，后被辟为陈白沙纪念馆。

陈献章出身贫寒，19 岁中乡试，20 岁被选入国子监读书，后两赴礼部试不第，遂移志于治学。27 岁师从江西理学家吴与弼，深受吴氏“静时涵养，动时省察”的思想影响。翌年春，回白沙村筑阳春台，闭门 10 年专心读书，“穷尽天下古今典籍，旁及释老稗官小说”，逐渐由崇尚读书穷理的程朱理学转向主张求之本心的陆九渊心学。38 岁以**《和杨龟山此日不再得诗》**名震京师，被认为“真儒复出”，但屡辞举荐。55 岁以**《乞终养疏》**孝感宪宗，被授翰林院检讨，归白沙乡居碧玉楼，潜心学问，专心授徒，主张耕教并举，过着“既买锄头又买书，半为农者半为儒”的生活，直至终老。

陈献章一生致力于授徒，弟子众多，讲场有江门钓鱼台、碧玉楼、小庐山书屋、嘉会楼及广州丰宁路（今白沙巷）等处。明弘治十三年（1500），陈献章在碧玉楼病逝，享年 73 岁，追谥**文恭**。明万历十三年（1585），入祀孔庙，成为岭南历史上唯一获此殊荣的**儒学大师**。

屈大均自幼好学，早年求学于著名学者、顺德人**陈邦彦**门下，在广州越秀山麓苦读。顺治三年（1646），清军第一次攻占广州。翌年，屈大均参加陈邦彦及陈子壮、张家玉等发动领导的反清斗争，不久失败。顺治七年（1650），清军再次攻陷广州，为避祸，屈大均在番禺雷峰海云寺**削发为僧**，法号今种，名所居为“死庵”。随后，与同里文士创“西园诗社”，**以诗言志**，砥砺名节，曾多方奔走，联络反清义士，结交遗民，以图光复明朝政权。顺治十三年（1656），始度岭北游，入会稽，至南京谒明孝陵，又到北京，寻崇祯帝死所哭拜，复东出山海关，周览辽东、辽西形胜，留意山川险阻，志图恢复。康熙元年（1662），屈大均返回广东，**蓄发还俗**。康熙五年（1666），又北游关中、山西，与著名思想家、学者、诗人**顾炎武**等交往。康熙十三年（1674），参加吴三桂反清队伍，监军桂林，后来知道吴只想划江称王，遂托病辞去。康熙二十二年（1683），郑成功之孙郑克塽降清，屈大均大失所望，即由南京携家眷归番禺，终不复出。从事著述讲学，移志于对广东文献、文物的收集编纂及诗歌创作，**以诗存史**，慷爽沉郁，寄托兴亡沧桑之感。屈大均逝世后安葬于广州番禺新造镇思贤村宝珠岗。

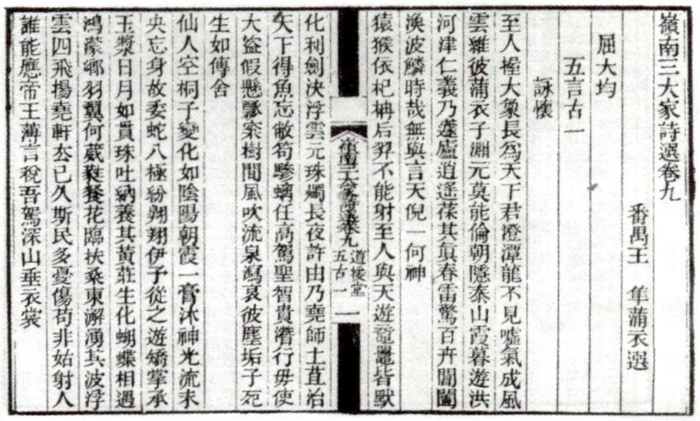

屈大均著作经清雍正、乾隆年间三次严令禁毁，可考知者尚有30多种，其生前已刊行《道援堂集》《翁山诗外》、词集《骚屑》、学术著作**《广东新语》**，编辑《广东文选》《广东文集》等；其去世后不久又刊行新编《屈翁山诗集》及《岭南三大家诗选》等。著作今编为《屈大均全集》，又有陈永正主编《屈大均诗词编年笺校》等。

屈大均诗词素负盛名，有对世变兴亡的记述感慨，有对国事民瘼的同情悲悯，有对现实政治的批判，也有对地方风物的描摹，内容博大丰富，思想深刻悠远。其诗各体俱佳，古近体兼擅，尤以**歌行**最显才情，**五律**最见功力，纵横恣肆，笔力矫健，气韵沉雄，寄托遥深，自成一格。屈大均与顺德陈恭尹、南海梁佩兰并称为清初**“岭南三大家”**。

屈大均生活于明末清初岭南文化发展历程中动荡转换、守正创新、寻求发展的关键阶段，其政治选择、文学创作与学术活动处处洋溢和传达着丰富而深刻的岭南文化精神。晚年所著**《广东新语》**通过记载、描述广东文物古迹、人物著述、山川草木、风物民俗，成就了一部学术性与人文性相结合、理性与诗性相辉映的岭南文化经典著作。他编辑的岭南诗文总集《广东文选》《广东文集》也具有同样的传承文明、延续文化、彰显正气、激励后学的思想文化深意。

1989年，**屈大均墓**被列为第三批广东省文物保护单位。

岭南独行多奇士　恣肆汪洋屈华夫

屈大均（一六三〇—一六九六），初名邵龙、邵隆，字翁山，号非池、菜圃（屈大均一生字号甚多）。广东番禺（今广州市）人。明末清初杰出学者、诗人、思想家。

郑观应
黄遵宪
康有为
梁启超
孙中山

民主先驱

揭开民主与科学序幕的启蒙思想家

郑观应（一八四二—一九二二），本名官应，字正翔，号陶斋，别号杞忧生、慕雍山人、罗浮偫鹤山人。中国近代早期资产阶级改良派思想家，爱国民族工商实业家，政治改革思潮的主要代表人物之一。

中国近代思想先驱

郑观应出生于广东**香山县**雍陌乡（今中山市三乡镇雍陌村），其父无功名，在家乡设帐授徒，并督促郑观应习帖括之学。早年曾应童子试落第，16岁奉父命赴上海学经商。17岁由亲友介绍进入英商宝顺洋行担任买办。同年冬，被派赴天津考察商务。18岁返回上海后，掌管洋行的丝楼，并兼管轮船揽载事项。同时进入英华书馆夜校学习英语，并对西方政治、经济方面的知识产生了浓厚兴趣。清同治十三年（1874），任英商太古轮船公司总理，着手在长江各主要口岸开设商务机构和金融机构。从光绪四年（1878）起，随北洋大臣直隶总督**李鸿章**办理洋务，先后任上海机器织布局总办、上海电报局总办、轮船招商局总办、开平矿务局粤局总办、汉阳铁厂总办、粤汉铁路公司总办等职。同时还投资实业，先后参股于轮船招商局、开平矿务局、上海造纸公司、上海机器织布局等企业，并纳资捐得郎中、道员衔。

光绪二十年（1894），助孙中山上书李鸿章，要求改良中国。晚年的郑观应专注于发展**教育事业**，曾出任招商局公学驻校董事、上海商务中学名誉董事等职。1921年，病逝于上海，次年迁葬至澳门前山。

郑观应平生著述甚丰，尤以改革言论闻名于世。光绪六年（1880），编定刊行了反映改良主义思想的著作《易言》，提出一系列以国富为中心的内政改革措施。光绪十年（1884），郑观应经历一番变故，心力交瘁，隐退澳门，潜心著述，重写修订**《易言》**，直至光绪二十年（1894），一部体现他成熟而完整维新体系的**《盛世危言》**终于付梓。他主张引进西方科技，发展工商，加强边防，开设议院，实行君主立宪制度，并提出针对西方列强经济侵略进行**“商战”**的思想。该书问世后，受到知识界广泛重视，对维新变法思潮和运动的兴起，起了促进作用。今人刊其遗著为《郑观应集》。

郑观应以儒学解读西学，借民本思想传统传播民主思想，是中国近代最早全面触及启蒙思潮各方面基本问题的思想先驱。其思想体系核心是以“攘外”为救国大事，以“振工商”为富强根基，以“速立宪法”为政治保证，要求变法救国，攘外自强，改良政治，振兴工商。其著述涉及政治、经济、哲学、军事、外交、文学、教育、法学、新闻等诸多领域，形成了较为完整的维新思想理论，曾对康有为、梁启超、孙中山、毛泽东等人产生过巨大影响，被誉为揭开民主与科学序幕的启蒙思想家。其诗“不立崖岸，不尚修饰，随事隶词，称情而言”，慷慨激昂、豪气干云而又恬淡清和、温醇朴实，有人称之为**“实业诗人第一家”**。

2008年，**郑观应故居**被列为第五批广东省文物保护单位。

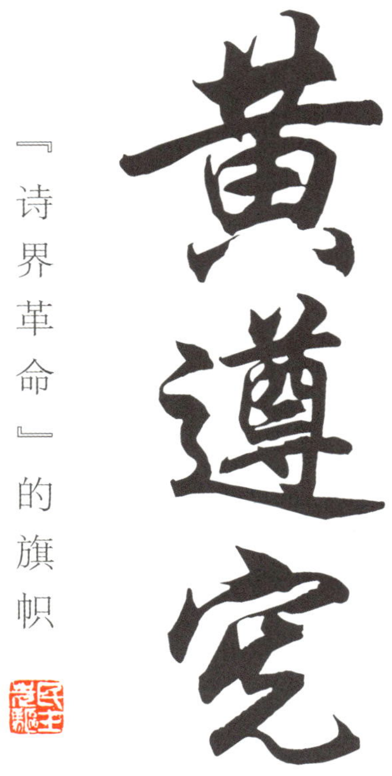

黄遵宪出身官僚家庭，四岁读书，十岁学诗。清光绪二年（1876），随父亲漫游山东烟台，被李鸿章许为**“霸才”**，同年中举。

光绪三年（1877），任驻日本公使馆参赞，积极倡导中日睦邻友好，被日本各界称为中国**“最有风度、最有教养的外交家”**。黄遵宪以日本历史、政治、景物、风俗等为题材，作**《日本杂事诗》**200首，深受日本各界喜爱，被誉为“裁云缝月之高手”。驻日期间，他接触西方资产阶级民主自由学说，形成“欲为树人计，所当师四夷”“中国必变从西法”等思想，并深入了解日本国情，编写**《日本国志》**，论述日本变革经过及其得失，提出政治改革主张。光绪八年（1882），调任驻美国旧金山总领事。3年后请假回乡，专心致力于《日本国志》的修改、编纂。光绪十三年（1887），完成全书共40卷，50余万言，以明治维新作为改革模式评说中国现实，对甲午战争后兴起的维新热潮产生了深刻影响。光绪十五年（1889），任驻英二等参赞，随薛福成赴欧洲。在英国期间，仔细考察君主立宪政治制度。光绪十七年（1891），调任新加坡总领事，在改善侨胞待遇、保护侨胞财产、发展华侨教育上做出了贡献。黄遵宪出使期间竭力保护华侨权益，促进中外文化交流，通过对日本与西方政制的考察，萌发改革思想，主张**君主立宪制度**。

光绪二十年（1894），甲午战争爆发，黄遵宪结束外交生涯，回到国内，任江宁洋务局总办。光绪二十一年（1895），因痛感甲午战争中国的失败和《马关条约》的签订，以满腔热情投身**维新变法运动**，参与上海强学会。光绪二十二年（1896），捐银千两，与梁启超、汪康年等人创办**《时务报》**，鼓吹救亡图存，维新变法。是年九月，获光绪帝特旨召见，面陈变法主张。光绪二十三年（1897），任湖南长宝盐法道，署理按察使，积极协助巡抚陈宝箴进行政治、经济、文化、教育各方面的改革，支持创办南学会，宣传维新变法思想，推动地方自治。

光绪二十四年（1898），百日维新失败，黄遵宪罢官归里。在故居**“人境庐”**仍热心推进立宪、改革、教育等工作，并潜心诗歌创作，同时创立嘉应兴学会议所，积极兴办新学堂，发展家乡教育。光绪三十一年（1905），病逝于家乡，终年58岁。

黄遵宪平生擅诗，成就卓著。因应时势，倡言“我手写我口，古岂能拘牵”，尝试以新词汇写新事物，开一时风气，被誉为**“诗界革命”**的旗帜。所作长于铺叙，描写生动，酣写时事巨变。其一生作诗千余首，自编**《人境庐诗草》**，有近代“诗史”之誉，今人编其遗著为《黄遵宪全集》。黄遵宪的诗题材集中反映了中国近代社会的主要矛盾和近代世界的变化发展，开辟了诗歌的新领域、新境界，突出展示了近代中国的新思想、新风貌，成为中国近代诗歌寻求变革、创新发展的重要标志。

黄遵宪故居人境庐建有纪念馆。2014年，**人境庐和荣禄第**被列为第七批全国重点文物保护单位。

欲为树人计　所当师四夷

黄遵宪（一八四八—一九〇五），字公度，别号人境庐主人。广东嘉应州（今梅州市）人，近代著名思想家、外交家、爱国诗人，戊戌变法的积极参与者。

对外寻求真理　对内寻求改革

康有为（一八五八—一九二七），原名祖诒，字广厦，号长素，后易号更生。广东南海（今佛山市南海区）人，故称南海先生。中国近代著名思想家、政治家，维新改良派领袖，后为保皇会首领，一生思想主张多有变化。

万木草堂

康有为

维新改良派领袖

康有为出生于官僚家庭，初受业于岭南名儒朱次琦，后受西学影响，大量阅读西方书籍，吸收西方进化论与政治观点，立志**变法维新**。清光绪十四年（1888），首次上书清帝，提出改良政治的主张。光绪十七年（1891），创办长兴学舍，正式设堂讲学，以“激励气节，发扬精神，广求智慧”为宗旨，广授门徒，宣传变法维新思想。翌年，将学堂取名为**“万木草堂”**。

光绪二十一年（1895）甲午战败后，清廷签订丧权辱国的《马关条约》，举国震动。康有为在京发动上千举人**“公车上书”**，提出“拒和、迁都、变法”主张，掀起**维新政治运动**。同年中进士，授工部主事。光绪十四年至二十四年间（1888—1898），曾7次上书光绪皇帝，要求变法。在此期间，先后成立强学会、圣学会、保国会，创办《强学报》《万国公报》（后改《中外纪闻》）等报刊，宣扬立宪思想，鼓吹维新变法。

光绪二十四年（1898），光绪皇帝下**《明定国是》**诏，推行变法。曾召见并命其在总理衙门章京行走（六品衔），准许专折奏事，但受到以慈禧太后为核心的中央王权镇压。百日维新失败后，康有为被清廷通缉，长期流亡海外，先后组织保皇会（又名中国维新会）与帝国宪政会，坚持维新改良立场，继续为实现其所倡导的君主立宪制鼓动宣传。

武昌起义后，主张“虚君共和”。1912年，康有为授意学生陈焕章等在上海成立孔教会，任总会会长，发起**“以孔教为国教”**的活动，以“昌明孔教，救济社会”为宗旨而反对革命，力图复辟清室。1913年回国，主编**《不忍》**杂志，继续宣扬尊孔复辟，反对共和，最终沦为保皇党。1917年，参加北洋军阀张勋复辟活动，旋告失败。1919年，曾通电支持“五四”爱国运动。晚年设立天游学院授徒讲学。1927年，病逝于山东青岛。

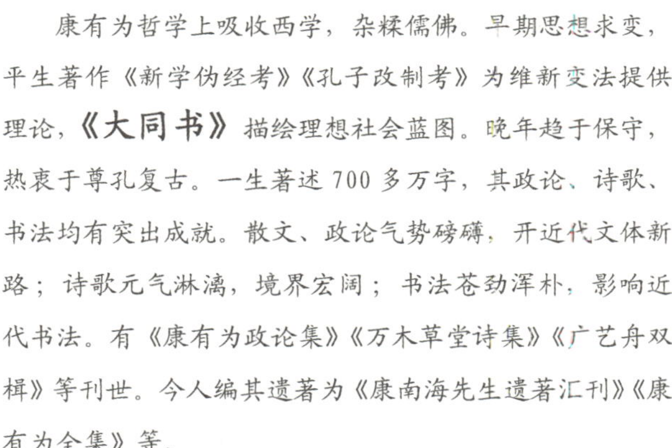

康有为哲学上吸收西学，杂糅儒佛。早期思想求变，平生著作《新学伪经考》《孔子改制考》为维新变法提供理论，**《大同书》**描绘理想社会蓝图。晚年趋于保守，热衷于尊孔复古。一生著述700多万字，其政论、诗歌、书法均有突出成就。散文、政论气势磅礴，开近代文体新路；诗歌元气淋漓，境界宏阔；书法苍劲浑朴，影响近代书法。有《康有为政论集》《万木草堂诗集》《广艺舟双楫》等刊世。今人编其遗著为《康南海先生遗著汇刊》《康有为全集》等。

康有为领导的戊戌变法运动虽然失败了，但其**维新思想**却在社会上广泛传播开来，在一定程度上动摇了封建专制的根基。康有为的思想和行为充满着理想主义的激情，带有儒家“知其不可为而为之”的执着进取精神，其思想、学术深刻反映了19世纪末岭南社会与岭南知识分子对外寻求真理、对内寻求改革的思想、精神状况。

在广州市有万木草堂旧址，在南海故居与山东青岛建有康有为纪念馆。1996年，**康有为故居**被列为第四批全国重点文物保护单位。

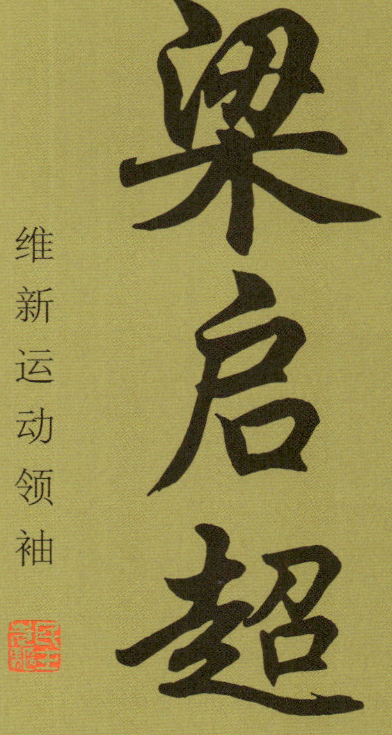

维新运动领袖

梁启超出生于广东新会，8岁学为文，9岁能缀千言，11岁中秀才，16岁中举人，天资聪颖，才华横溢。17岁入读万木草堂，拜**康有为**为师，助其编校变法论著。

清光绪二十一年（1895），赴京会试，跟随康有为发动“公车上书”。戊戌时期，在北京、上海、湖南等地大力宣传和组织维新运动，与康有为合称**“康梁”**。光绪二十二年（1896），在上海主编《时务报》，发表《变法通议》等政论文章，编辑《西政丛书》，宣传变法思想，被称为**“当时最有号召力的政论家”**。次年，任长沙时务学堂总教习，积极鼓吹和推进维新运动。

光绪二十四年（1898），参与**“百日维新”**，受光绪帝召见，以六品衔办京师大学堂、译书局。维新失败后流亡日本，先后主编《清议报》《新民丛报》，鼓吹改良，宣传变革。同时，大量介绍西方资产阶级社会、政治、经济学说，又组织《政闻社》，发行《政论》《国风报》，与国内立宪派相呼应，对当时知识界影响极大。

民国成立后回国，组织进步党，曾在北京政府内任职。1916年，反对袁世凯称帝，积极参与发动**西南护国战争**。袁世凯死后，梁启超出任段祺瑞北洋政府财政总长兼盐务总署督办。1917年，段内阁被迫下台，梁启超也随之辞职，从此退出政坛，后赴欧洲考察战后状况。“五四”时期，支持**新文化运动**。

晚年，在天津建**饮冰室**，以讲学、著述为务，全力从事文化教育事业和学术研究，先后应聘任南开学校、清华学校教授、清华研究院导师，又任京师图书馆馆长、北京图书馆馆长、司法储才馆馆长等。1929年，病逝于北京。

梁启超著述宏富，为学博大精深，在哲学、文学、史学、经学、法学、美学、伦理学、宗教学、书法艺术等广阔领域均有深湛造诣，是一位**百科全书式的文化巨匠**，20世纪中国杰出的文化大师。其思想和学术对岭南乃至整个中国影响巨大，是**近代岭南文化**的杰出代表。一生著述达1400万字以上，后编为《饮冰室合集》《<饮冰室合集>集外文》等，其著作另有各种单行本传世。

在新会故居与天津建有梁启超纪念馆。1996年，**梁启超故居**被列为第四批全国重点文物保护单位。

百科全书式的人物
中国杰出的文化大师

梁启超（一八七三—一九二九），字卓如，号任公，又号饮冰室主人。中国近代杰出的启蒙思想家，政治家、教育家、史学家、文学家，维新运动领袖之一。

民族 民权 民生

孙中山（一八六六—一九二五），幼名帝象，稍长名文，字德明，号日新，又号逸仙，在日本化名中山樵，遂以中山著称于世。伟大的民族英雄、伟大的爱国主义者、中国民主革命的伟大先驱。

中国民主革命的伟大先驱

孙中山出生于广东**香山县**（今中山市）翠亨村一个农民家庭。青少年时代，受近代革命思想影响，12 岁赴檀香山读书，先后在檀香山、广州、香港等地接受西式教育。20 岁入广州博济医院学医，与杨鹤龄、陈少白、尢列抨击时政，倡言革命，时称**“四大寇”**。

清光绪二十年（1894），上书李鸿章，提出革新政治、富国自强的变革主张，至天津投书被拒，遂放弃改良，立志革命。旋至檀香山创立近代中国第一个资产阶级革命团体**兴中会**，首次提出“振兴中华”口号与“驱除鞑虏，恢复中华，创立合众政府”的革命主张。光绪二十一年（1895），孙中山到广州成立兴中会分会，策动武装起义。光绪三十一年（1905），在日本成立中国第一个资产阶级民主革命政党中国**同盟会**，被举为总理，确定“驱除鞑虏，恢复中华，建立民国，平均地权”的政治纲领，系统提出“民族、民权、民生”的**三民主义**学说，同时在国内外积极发展同盟会组织，联络华侨、会党、新军，策划武装起义。光绪三十三年至宣统三年（1907—1911）辛亥革命前，孙中山先后在潮州黄冈、惠州、防城、镇南关、钦廉、河口、广州等地发动 10 次反清武装起义。

1911 年，武昌起义爆发，推翻清王朝，结束两千多年的封建帝制，建立中华民国，孙中山被推举就任临时大总统，颁布《中华民国临时约法》。1912 年，在南京就任**临时大总统**，旋被迫让位于袁世凯。同年，同盟会改组为国民党，被选为理事长。

1913 年至 1922 年，孙中山发动**“二次革命”**，反对袁世凯独裁专制；在广州组织护法军政府，誓师北伐；在日本建立中华革命党，重举资产阶级革命旗帜；在上海创办《建设》杂志，发表《实业计划》，将中华革命党改组为中国国民党；回广东就任**非常大总统**，遭陈炯明叛乱，被迫离开广州再赴上海。

1922 年，在中国共产党和苏俄共产党的帮助下，孙中山决心改组国民党。1924 年 1 月，在广州召开中国国民党第一次全国代表大会，提出“联俄、联共、扶助农工”**三大政策**，重新阐释三民主义。改组国民党，创办**陆军军官学校**（黄埔军校）与**国立广东大学**（后易名国立中山大学），培养军政与建设人才，为大革命和北伐战争奠定了基础。9 月，于韶关誓师北伐。10 月，平息广州商团事件。11 月，为实现统一大业，共商国是，应邀北上。12 月，扶病入京。1925 年 3 月 12 日，孙中山在北京病逝，安葬于南京中山陵，遗嘱“必须唤起民众及联合世界上以平等待我之民族，共同奋斗”。

孙中山先生一生以革命为己任，立志救国救民，为中华民族做出了彪炳史册的贡献。他以热爱祖国、献身祖国的崇高风范，天下为公、心系民众的博大情怀，追求真理、与时俱进的优秀品质，坚韧不拔、百折不挠的奋斗精神，为中华民族独立、中国社会进步、中国人民幸福而不懈奋斗，在中国人民心中享有崇高威望，受到全体中华儿女景仰。

孙中山的**重要著述**有《三民主义》《建国方略》《建国大纲》等。遗著编为《总理全集》《国父全集》《孙中山全集》。纪念地与纪念设施遍及国内外，中山市翠亨村有故居及纪念馆，广州有大元帅府与中山纪念堂等。1988 年，**孙中山故居**被列为第三批全国重点文物保护单位。1996 年，**广州大元帅府旧址**被列为第四批全国重点文物保护单位。2001 年，**中山纪念堂**被列为第五批全国重点文物保护单位。

冼星海
丁颖
蔡楚生
陈垣

现代风流

中国民族新音乐事业先锋

冼星海（一九〇五—一九四五），祖籍广州，出生于澳门。中国现代著名作曲家、钢琴家，中国民族新音乐事业先锋，人民音乐家，为新中国成立做出卓越贡献的英雄人物。

冼星海

人民音乐家

冼星海出生于一个贫苦船工家庭，自幼随母在海上漂荡，在祖父的箫声和渔民的歌谣中成长。7 岁在新加坡的学习开启他与音乐的缘分。13 岁入读广州岭南大学(现中山大学)附中，并学习小提琴，6 年内逐渐展露音乐才华，并被称为**“南国箫手”**。

21 岁考入北大音乐传习所，23 岁进入上海国立音乐学院。24 岁前往巴黎勤工俭学，艰难维持生活，终于 29 岁作为数十年来唯一的中国考生考入巴黎音乐学院高级作曲班。曾师从著名提琴家**帕尼·奥别多菲尔**和著名作曲家**保罗·杜卡斯**。

面对战争频仍、灾难深重的祖国，30 岁毕业后的冼星海毅然回国，投入到抗战歌曲与救亡音乐创作中。33 岁，为了实现在贫弱的中国普及音乐的理想，他毅然放弃优厚待遇，奔赴延安承担起音乐教育的工作，也正是在这一时期他进入创作巅峰，从此一直为音乐的民族形式和音乐的大众化辛勤地教书育人、研究和创作。

因长期劳累和营养不良，他患上肺病和血癌，1945 年，因救治无效在**莫斯科**逝世，享年 40 岁，中苏双方共同为其举行隆重的安葬仪式。

他一生坚韧不息、志存高远，在中华民族内忧外患、积贫积弱的年代，谱写出旷世绝响**《黄河大合唱》**、不朽名篇《九一八大合唱》《生产运动大合唱》《牺盟大合唱》《军民进行曲》，歌剧、交响乐、交响组曲、交响诗、狂想曲数十首，以及优秀歌曲上百首，其中的电影音乐对中国电影音乐框架的构筑起到至关重要的作用。

伟大的艺术作品之所以伟大，在于它浸润了所有平凡人的心灵。他将崇高的**人格魅力**与远大的**革命理想**寄托于每一个音符和每一首旋律。他在抗战时期创作的优秀音乐作品，不仅在当年为中华民族的解放斗争提供了强大的精神动力，而且在今天仍然受到广大人民群众的喜爱，激励全民族奋然前行。

今广州有星海音乐学院、星海音乐厅、冼星海纪念馆。

丁颖

中国稻作之父

丁颖出生于广东**茂名**高州县一个普通农民家庭。18岁考入县城中学并参加学社，22岁考入广东省高等师范学校博物科，24岁以优异成绩公费到日本留学。恰逢国内时局动乱，为达**“科学救国”**之志，他三次赴日，在日本学农长达9年。回国后一直在广东大学农科学院、中山大学农学院从事教学科研工作。

1926年，在广州郊区发现野生稻。1927年，创建**我国第一个稻作试验基地**——中山大学南路稻作育种场。随后，科学论证了我国是栽培稻种的原产地，否定了“中国栽培稻起源于印度”之论。

1940年，中山大学决定从云南澄江迁回粤北，他临危受命，出任院长，带领全院师生迁到湖南宜章县粟源堡，继续办学。广州解放初期，任中山大学农学院院长。1952年，院系调整后建立华南农学院（今华南农业大学），出任首任院长。他还是中国农业科学院首任院长、中国科学院院士、中国科学院生物学地学部学部委员、全国科学技术协会副主席，第一、二、三届全国人大代表。曾被授予德意志民主共和国农业科学院院士、全苏列宁农业科学院通讯院士、捷克斯洛伐克农业科学院院士称号。

丁颖是我国最早从事**水稻育种**的先驱之一，开创了野生稻与栽培稻远缘杂交育种先河，“中山1号”“银印20”“东印1号”“暹黑7号”皆为其育种成果。

丁颖把水稻划分为**籼亚种**和**粳亚种**，改善了原有定名的科学内涵，收集并保存6000多份栽培品种，为良种选育提供丰富材料，并提出**五级分类法**。他结合多方因素，把全国划分为6大稻作带，对发展我国水稻生产与研究有重要指导意义。

丁颖有句名言：“真诚的科学工作者，就是真诚的劳动者。”这也是他一生的写照。在教学科研工作中，他身体力行、深入实际、治学严谨，一生研究水稻的相关论文达140多篇。主编的**《中国水稻栽培学》**，集55名杰出水稻科学家之智慧，是一部反映我国当代水稻栽培科学水平的学术名著。

丁颖一生学农、务农、爱农，将毕生精力投入农业研究，为祖国培养了大批教师和农业科技人才。他建业自强，笃学明德，躬行践履，求精图新，这种**“丁颖精神”**，令后辈世代铭记。

真诚的科学工作者就是真诚的劳动者

丁颖（一八八八—一九六四），著名农业科学家、教育家、水稻专家，中国农业科学院首任院长，我国现代稻作科学主要奠基人，被称为『中国稻作之父』。

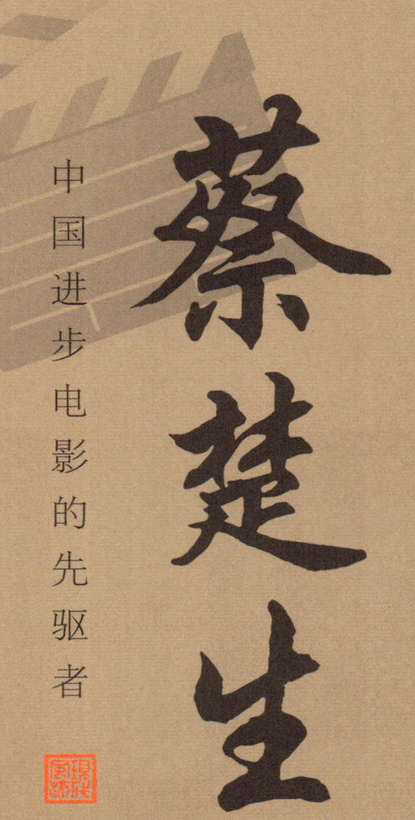

蔡楚生

中国进步电影的先驱者

蔡楚生出生于上海，曾读过4年私塾，后以各种旧报纸作课本，刻苦自学。1925年，在汕头参加店员工会，参与创办进业白话剧社，担任编剧、导演、演员，并试写文章和绘画。1926年，协助上海华剧影片公司在汕头拍摄外景，与人合作编导的滑稽短片**《呆运》**是他对电影的最初尝试。1929年，到上海先在几家影片公司学习电影艺术的各门知识，后入明星影片公司，任**郑正秋**的助理导演和副导演，协助拍摄了《战地小同胞》(1929)、《碎琴楼》(1930)、《桃花湖》(1930)、《红泪影》(1931)等6部影片。

1931年夏，蔡楚生加入联华影业公司，正式担任编剧、导演。先后创作了《南国之春》(1932)和《粉红色的梦》(1932)。因影片脱离严酷现实、充满浓郁的伤感情调，受到左翼电影工作者的批评。1933年，参加中国电影文化协会，导演电影**《都会的早晨》**，标志他创作思想上的重大转变。1934年，编导电影**《渔光曲》**，以深邃思想内容和强烈艺术感染力轰动影坛，创造当时中国影片卖座最高纪录。1935年，该片在**莫斯科电影节**获荣誉奖，成为中国首部在国际上获奖的影片，也使蔡楚生成为中国第一位国际知名的电影导演。

抗战爆发后，蔡楚生由上海到香港，团结粤语电影工作者，积极筹划拍摄**抗战影片**《血溅宝山城》《游击进行曲》《孤岛天堂》《前程万里》等，皆展现人民对敌人的不屈斗争。

1947年，与郑君里合作编导的史诗式影片**《一江春水向东流》**，在广阔的社会背景、纷繁的事件和人物关系、漫长的时间跨度中，体现出他对我国传统艺术表现技巧的娴熟运用。该片创造了继《渔光曲》后的中国电影票房最高纪录，被誉为**“中国电影发展途程上的一支指路标”**。

1963年，蔡楚生编导的影片**《南海潮》**上映，影片浓烈的时代气息与地方色彩广受好评，该片成为他一生的最后佳作。“文革”期间，蔡楚生惨遭迫害，于1968年含冤离世，11年后冤案方得到平反。时间见证了那些无法磨灭的银幕经典，也见证了他人格的清白、高洁的追求。

从20世纪30年代到60年代，蔡楚生的电影创作，始终紧扣时代脉搏，吸取**中国古典章回小说**结构特点，故事内容丰富，情节曲折动人，人物刻画细腻，善于运用**对比、呼应**的艺术手法，从多侧面深刻揭示近代中国社会矛盾，控诉黑暗的旧中国和腐朽的统治阶级。蔡楚生将自己的艺术创作之路与民族兴亡的命运紧紧相连，以电影为号角，倾吐人民大众心声，呼唤时代风云。

中国现实主义电影的奠基人

蔡楚生（一九〇六—一九六八），原名蔡通，字茂楚，祖籍广东省潮阳县铜盂镇。我国著名电影导演、编剧，历任中国文学艺术界联合会副主席、中国电影工作者协会主席、中国人民对外文化协会常务理事，中国进步电影的先驱者，中国现实主义电影的奠基人，『中国电影世纪奖』得主。

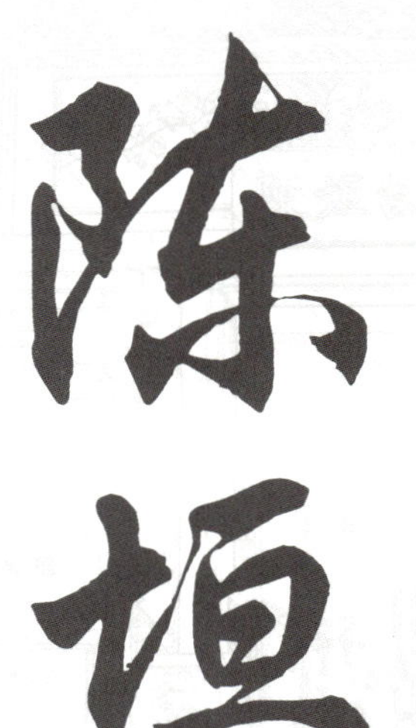

历史学家 教育家

宗教史学家

陈垣出生于广东**新会**。自幼勤奋聪慧，曾科举落榜，也未受过正规史学教育，依靠自学开创治学途径，在宗教史、元史、校勘学、文献学等领域皆有突出贡献。

1905年，与画家潘达微、高剑父、陈树人等创办《时事画报》，宣传**反清**革命思想。1911年，又与康仲荦创办《震旦日报》并担任该报主编，反清宣传更为猛烈。

1914年起，专意著述。1917年，发表第一篇史学论文**《元也里可温考》**，研究七八百年来隐晦难道的也里可温教，开拓了**中国宗教史**研究新领域，受到中国史学界和国际宗教史学界重视。1922年，任北京大学研究所国学门导师，不久任辅仁大学副校长、校长。1925年，任清室善后委员会委员，对西方列强劫后敦煌文书的整理和故宫珍贵文物的保护，做出了贡献。1928年，任燕京大学国学研究所所长。1929年，任北平师范大学历史系主任。

抗日战争时期，坚持民族气节，拒任伪职，并以史为鉴，著**《通鉴胡注表微》**，宣扬爱国思想。

新中国成立后，历任北京师范大学校长、中国科学院历史研究所第二所所长、中国科学院哲学社会科学学部委员。1971年，于北京逝世，享年91岁。

陈垣一生治学精勤刻苦，在中国宗教史、中西交通史、元史、年代学、校勘学、避讳学、历史文献等方面的研究均有总结性成果或创造性成就，著作甚丰，许多著作成为研究者必备的工具书或参考资料，获得国内外学者的高度评价。代表作有《火祆教入中国考》《回回教入中国史略》《元典章校补释例》《史讳举例》《元西域人华化考》《二十史朔闰表》《中西回史日历》《吴渔山先生年谱》《释氏疑年录》《中国佛教史籍概论》《摩尼教入中国考》等，著作汇编为《陈垣全集》出版。

陈垣从教70年，秉持先进理念，创设全新的课程，培养出大批栋梁之材，雄踞学术界的各个领域。亦善书法，清雅绝尘，有元明风味。

2002年，**陈垣故居**被列为第四批广东省文物保护单位。

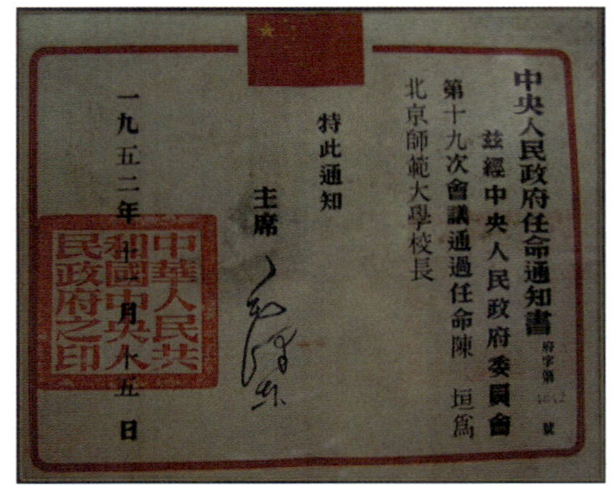

中央人民政府任命通知書 府字第[illegible]號

茲經中央人民政府委員會第十九次會議通過任命陳垣爲北京師範大學校長

特此通知

主席

一九五二年十月十五日

中華人民共和國中央人民政府之印

近代中国之世界学者

陈垣（一八八〇—一九七一），字援庵、圆庵，曾用名星藩、援国。中国杰出历史学家、宗教史学家、教育家，被学术界称为『近代中国之世界学者』，与陈寅恪并称『史学二陈』，毛泽东称之为『国宝』。

后 记

文化是民族的血脉和灵魂，也是民族发展的精神动力，更是衡量社会文明程度和人民生活质量的重要标志。丰厚的历史积淀，旖旎的山川名胜，珍贵的文物瑰宝，杰出的历史人物，独特的民俗风情，构成了岭南文化的华彩乐章。

《岭南文化百张名片》以人文地理、历史源流、风俗人情、艺术表达、人杰先贤等方面为基本结构，经分类筛选、综合整理和归纳研究，辑录编撰“百张文化名片”，以游记介绍的方式，向世人展示岭南文化的风采。

全书100个条目共计95000余字，从2000多幅图片中筛选收录了400余幅精美图片，力求图文并茂、雅俗共赏。在编撰过程中，得到广东省文化厅、广东省旅游局、广东省文物局、中山大学、华南师范大学、暨南大学、华南理工大学、广东工业大学、广州大学、广东省省情调查研究中心（广东岭南文博研究院）、华南师范大学岭南文化研究中心、广东省社会科学院历史与孙中山研究所、广东省珠江文化研究会、中国邮政集团公司广州市分公司、潮州市文物旅游局、广东省文化馆（广东省非物质文化遗产保护中心）、广东省博物馆、中国海关博物馆广州分馆、西汉南越王博物馆、广州民间工艺博物馆（陈家祠）、广州市越秀区博物馆（南粤先贤馆）、佛山市祖庙博物馆、广东石湾陶瓷博物馆、广东海上丝绸之路博物馆、广东省立中山图书馆、广州图书馆、广东省罗浮山风景名胜区管理委员会、佛山南海西樵山风景名胜区管理委员会、广东省文化学会、广州市社会科学界联合会、广州市文学艺术界联合会、广州市民间文艺家协会、广州市越秀区民间文艺家协会、广州诗书画院、广东省咏春文化产业研究院、岑能咏春文化研究中心、广州市宝象工艺品有限公司、广州梁秀玲刺绣艺术有限公司、广州市高阳堂文化艺术有限公司、许恩福广彩大师工作室、广州市状元坊戏服有限公司、广州市东方红文化策划传播有限公司等有关单位和社会组织的大力支持，得到众多领导、专家、学者和文化工作者的高度重视和鼎力帮助，在此一并表示诚挚的谢意！

本书内文插图、图片，由上述有关单位提供，或个人拍摄、提供，或选自各种著作、画册和内部资料。部分插图、图片，因未注明作者，无法与这些作品的作者取得联系，敬请见谅，并致谢意。限于编撰者的水平，书中错漏、可议之处在所难免，敬请广大读者批评指正。

编　者

2017年2月

本书所采用的部分图片，提供者不一，来源辗转多途，致使有些作者难以联系上，请有关作者（版权持有人）及时与编者联系，联系邮箱：lingnanculture100@163.com，以便领取稿酬。

参考书目

《岭南》
《岭南文化》
《岭南文化与百越民风》
《岭南文化百科全书》
《岭南文化论》
《岭南文化志》
《岭南文论》
《岭南学》
《岭南故事》
《岭峤春秋——岭南文化论集》
《岭南历史宗教文化研究》
《岭南风物与风俗传说》
《岭南古越人名称文化探源》
《岭南走廊：帝国边缘的地理和政治》
《岭南画派大相册》
《广东百科全书》
《广东文化遗产》
《广东非物质文化遗产名录图典》
《广东新语》
《广东攻略：岭南最美的200个地方》
《人文广东——在行走中品读岭南文化》
《简明广东史》
《经典广东》
《粤韵千年》
《珠江文踪》
《珠江潮》
《中国珠江文化史》
《中国海关文物集萃》
《中国禅都文化丛书》
《传家：中国人的生活智慧》
《广州九章》
《广州文史》
《广州的故事》
《大城印记》
《大美广州》
《俗话广州》
《寻城记·广州》
《云山珠水美花城：带您游遍广州百景》
《乐天务实：广东广府人的天性》
《佛山祖庙》
《开平碉楼》
《陈氏书院建筑装饰中的故事和传说》
《文化记忆论读本》
《地域文化研究》
《百越文化研究》
《纪念马坝人化石发现三十周年文集》
《封开：广府首府论坛》
《海上丝路的辉煌——南海Ⅰ号从发现到整体打捞进馆》
《黄埔军校》
《浩气长存：广州纪念辛亥革命一百周年史料》
《禅城区非物质文化遗产——资料汇编》
《潮州木雕》
《端砚》
《冼夫人文化》
《惠能》
《六祖惠能》
《人民音乐家冼星海》
《中国电影艺术大师：蔡楚生》
《陈垣》
《陈垣——生平、学术、教育与交往》